deutsch.kompetent 7

Sprachförderheft

Erarbeitet von:
Sabine Utheß

Ernst Klett Verlag
Stuttgart · Leipzig

Inhalt

8 Lebenswelten

9 Familienbande

10 Macht Werbung!

11 Aufgetischt

12 Wasserwelten

13 Dem Täter auf der Spur

14 Rekordverdächtig!

Anhang

1 Geniale Erfindungen der Natur

Fremdwörter richtig schreiben

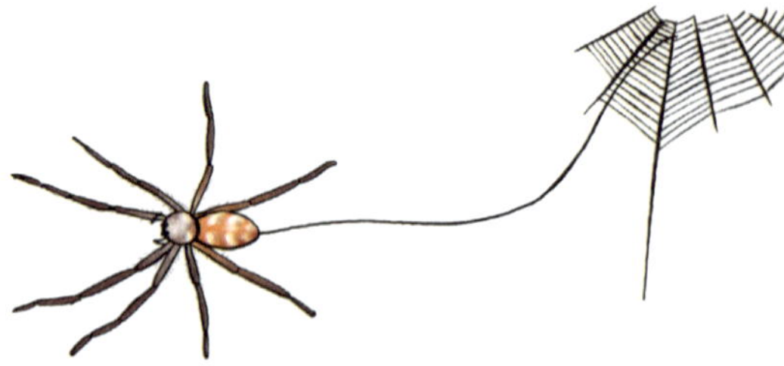

1. Lies und notiere, worum es in dem Text geht.

Von den Spinnen lernen

Ein Spinnennetz ist besonders dehnfähig, aber auch extrem stabil und reißfest. Nur so kann es die Wucht von Insekten auffangen, die in vollem Flug aufprallen. Diese besonderen elastischen Eigenschaften verdankt das Netz den Fäden, aus denen es gesponnen wurde. Könnte man die Spinnenseide in industriellem Maßstab produzieren, wäre sie als Werkstoff für viele Anwendungen interessant. So eignen sich Spinnenfäden in der Medizin zum Beispiel hervorragend zum Vernähen von Wunden, da die Fasern vom Immunsystem des Körpers nicht abgestoßen werden. Auch durchtrennte Nervenstränge lassen sich mit Spinnenseide reparieren, wobei das Material offenbar dazu beiträgt, dass die Nervenzellen wieder zusammenwachsen. Forschungslabors und Firmen versuchen, die Produktion von Spinnenfäden technisch nachzuahmen, um damit neue Anwendungen möglich zu machen. Denkbar wären etwa neuartige Fasern für Textilien oder neue Materialien für den Fahrzeugbau.

Rein technisch funktioniert die Herstellung von Spinnenseide schon relativ gut. Aber die herausragenden mechanischen Eigenschaften von echten Spinnenfäden kann die Technik bisher nicht erreichen. Die Wissenschaft habe die molekularen Vorgänge des natürlichen Spinnprozesses immer noch nicht gut genug analysiert, um sie nachbilden zu können.

Am Spinnprozess fasziniert vor allem auch die Geschwindigkeit, mit der sich in der Spinne einzelne Proteine zu langen Fäden anordnen.

Denn am Ende des Spinnkanals der Spinndrüse existieren Salze in unterschiedlicher Zusammensetzung, deren genaue Funktion dort bislang noch unklar ist.

2. Übernimm die Tabelle in dein Heft und trage die markierten Wörter ein.

-ieren	*-iv*	*-in*	*-tion*	*-il*	*-ell*	*-ant*
				stabil	*industriell*	

3. Trage auch die folgenden Fremdwörter in die Tabelle ein.

aggressiv, aktiv, Benzin, Disziplin, Exil, konstant, kulturell, Magazin, maschinell, Nikotin, Operation, Position, Profil, riskant, Situation, speziell, steril, universell, Ventil, Vitamin

4. Nenne die Eigenschaften, z. B. *elastisch* → *die Elastizität*. Schreibe wie im Beispiel. Nutze, wenn nötig, ein Wörterbuch.

aggressiv, aktiv, elektrisch, naiv, objektiv, passiv, plastisch, primitiv, qualitativ, quantitativ, relativ, stabil, universell

Aktiv- und Passivformen unterscheiden, bilden und verwenden

1. Lies die Vorgangsbeschreibung und beschreibe mit eigenen Worten, wie man an der Hochschule Spinnen „melkt".

So werden Spinnen gemolken

Zur Erzeugung von Spinnenfäden entwickelten Forscher in der Medizinischen Hochschule Hannover eine Spinnenmelkmaschine. Die Spinnenseide setzt man in verschiedenen Heilungsprozessen ein. Sarah Strauß führt vor, wie eine Spinne gemolken wird. Die Spinnen bauen ihre Netze oben zwischen alten Ästen. Als Erstes sammelt Sarah die Spinne Planck ein, ein besonders fettes Exemplar, benannt nach einem berühmten deutschen Forscher. In einer Plastikbox trägt Sarah die Spinne ins Nebenzimmer. Sie könnte sie auch in die Hand nehmen, aber Spinnen finden Menschenhände eklig, und Planck soll keinen Stress haben.

Mit einer Pinzette legt sie Planck auf ein Schaumstoffkissen, dann befestigt sie einen dünnen Verbandsstoff über der Spinne. Die kann nun nicht mehr flüchten. Sie ist fast ganz zugedeckt. Nur ihr Hinterteil guckt noch hervor – da kommt auch der Spinnfaden heraus. Planck findet das übrigens völlig okay. Ein winziges Stück von dem Haltefaden hängt schon heraus. Ganz vorsichtig zieht Sarah an dem Faden und befestigt ihn an einem Aufwickelgerät. Dann schaltet sie die Maschine ein.

Für Planck ist es jetzt so, als würde er sich abseilen. Solange die Wickelmaschine an dem Faden zieht, spinnt Planck immer weiter. 200 bis 500 Meter lang könnte der Faden werden. Aber nach 15 Minuten schaltet Sarah die Melkmaschine immer ab. Das ergibt dann etwa 100 Meter Faden.

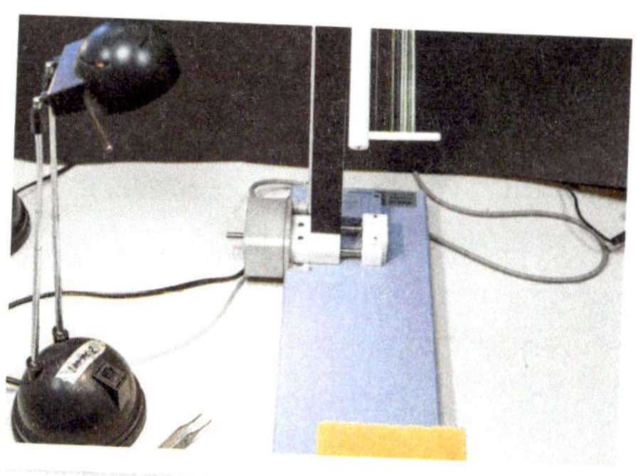

2. Formuliere die Sätze mit den markierten Verben ins Passiv um.

Zur Erzeugung von Spinnfäden wurde von Forschern in der Medizinischen Hochschule Hannover eine Spinnenmelkmaschine entwickelt.

Brauchst du Hilfe? Suche den entsprechenden Merksatz auf Seite 60 – 63 und trage die Nummer in die Figur ein.

Richtige Bezüge herstellen, verständlicher schreiben

1. In dieser Zusammenfassung sind einige Bezüge unklar. Markiere, worauf sich die gelb hinterlegten Wörter jeweils beziehen.

- Spinnen erzeugen Ekel bei vielen Menschen. Ihre starrenden Augen und ihre haarigen, langen Beine rufen Abscheu hervor.
- Jeden Morgen webt die Kreuzspinne in einer halben Stunde ein neues Netz. Am Abend zuvor frisst sie es auf und verzehrt dabei haften gebliebene pflanzliche Teile.
- Der Jagdtrieb ist das große Hindernis bei der Fortpflanzung der Spinnen. Wenn sich nämlich ein Männchen einem Weibchen nähert, muss es ihm erst einmal durch Signale deutlich machen, dass es keine Beute ist. Bei der Kreuzspinne muss es in einem genau vorgegebenen Rhythmus an ihrem Netz zupfen, um seinen Beuteinstinkt auszuschalten.
- Nach der Befruchtung setzen die Weibchen jeweils 800 mit Dotter gefüllte Eier ab, in denen sich der Nachwuchs bis zum Larvenstadium entwickelt. Nach ihrer Häutung und der Ausbildung aller Organe spinnen sie selbstständig ihre Netze.

2. Schreibe die Sätze um und erhöhe dabei die Eindeutigkeit der Bezüge.

Bei vielen Menschen erzeugen Spinnen Ekel. Ihre starrenden Augen und ihre haarigen, langen Beine rufen Abscheu hervor.

3. Folgende „Wortungetüme" wurden auf Präsentationsfolien gefunden. Schreibe verständlichere Ausdrücke in Form von Wortgruppen.

1. der Spinnenseideherstellungsprozess — *der Prozess der Herstellung von Spinnenseide*
2. die Spinnfadenmaterialeigenschaften
3. die Gartenspinnennetzformen
4. die Spinnenseideanwendungsmöglichkeit
5. die Seidenproteinstrukturvariante

Wesentliche Informationen aus einem Text entnehmen und zusammenfassen

1. Lies den Text und fasse die Informationen jedes Abschnittes in einem kurzen Satz zusammen.

Die spinnen Nerven

Spinnen sind eklig. Finden jedenfalls viele Menschen. Diese dünnen Beine, der dicke Körper, der kleine Kopf: So etwas will man nicht auf seinem Arm krabbeln haben.
Den Spinnen geht es allerdings ähnlich. Mit ihren Beinen erspüren sie, dass der Arm eines Menschen sich fettig anfühlt. Und salzig. Igitt. „Spinnen finden Menschen eklig", sagt Sarah Strauß. Und die muss es wissen.

Sarah Strauß ist Biologin, sie arbeitet an der Medizinischen Hochschule in Hannover. Dort kümmert sie sich um Nellie, Karla, Britta, Planck, Mandela und Courtney. Das sind ihre Forschungsspinnen. Die Tiere wohnen in einem gut geheizten Zimmer, an den Wänden und von der Decke hängen dicke Zweige. Dazwischen bauen sie ihre Netze. Große Netze. Aber die Spinnen sind ja auch groß.

Eines Tages können sie vielleicht mithelfen, dass Menschen nach einer schweren Verletzung schneller wieder gesund werden.
Sarah Strauß und ihre Kollegen erforschen, wie sich die Spinnenseide in der Medizin verwenden lässt. Zum Beispiel wenn jemand bei einem Unfall eine Hand verloren hat. Dann können Ärzte ihm die Hand zwar wieder annähen. Aber damit die Hand auch funktioniert, müssen die Nerven miteinander verbunden werden.

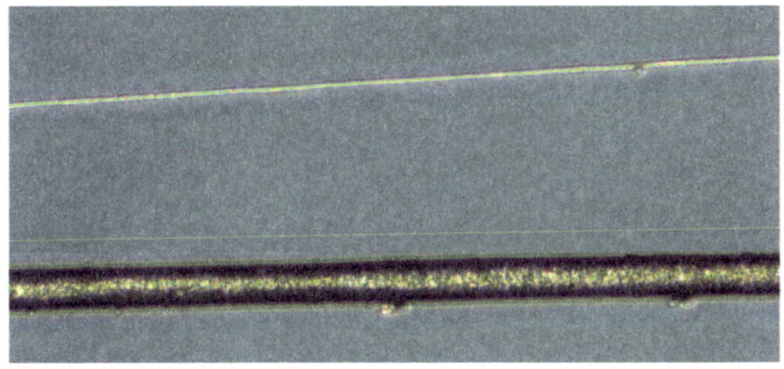

Größenvergleich: Die obere Linie ist ein Spinnfaden; der über zehnmal dickere Balken unten ist ein menschliches Haar – beide unter dem Mikroskop betrachtet.

Nun kommt die Spinnenseide ins Spiel. Unter einem Mikroskop wird zwischen die Nervenenden Spinnenseide genäht, wie eine Brücke. Daran entlang kann der Nerv wachsen, pro Tag etwa einen Millimeter. Ohne Brücke würden die Nervenenden nicht wieder zusammenfinden. Die Spinnen spinnen also Nerven, sozusagen.

Noch etwas probieren die Forscher in Hannover aus: Sie wollen Haut züchten. Die könnte dann jemand bekommen, der eine Brandwunde hat. Man kann Haut in einer Nährlösung tatsächlich wachsen lassen – und das klappt besonders gut, wenn die Zellen sich an einem Gitter aus hauchfeinen Spinnfäden festhalten können.
Dazu brauchen Sarah Strauß und die anderen Forscher erst einmal jede Menge Spinnenseide. Alte Spinnweben vom Dachboden können sie nicht verwenden. Die sind zu klebrig.

2 „Spinnst du?!"

Verbformen richtig schreiben – die Schreibweise ableiten

1. Fülle die Lücken.

ck ff ~~g~~ g ll ll nn nn nn pp ss ss z

Dich ma_g_ keiner!

Andere ausgrenzen ka___ man mit Taten, Worten oder mit Blicken. Auch das schmer___t. Gewalt mu___ nicht immer körperlich sein: Ki___t man anderen den Rucksack aus, ste___t ihnen ein Bein, verste___t ihre Sachen, hinterlä___t fiese Kommentare im Internet, beleidi___t man sie fortwährend, ä___t sie nach, wenn sie im Unterricht etwas sagen, so sind das ebenfalls Formen von Gewalt. Mobbing ne___t man so etwas. Man erke___t es oft nicht so deutlich wie körperliche Gewalt – aber ein Mobbing-Opfer leidet darunter genauso sehr. Experten raten zu einem Anti-Gewalt-Training, bei dem die Situation mit verteilten Rollen nachgeste___t wird.

Brauchst du Hilfe? Suche den entsprechenden Merksatz auf Seite 60–63 und trage die Nummer in die Figur ein.

2. Schreibe die Wortformen auf und ergänze jeweils den Infinitiv.

mag – mögen, ______________________________

____

3. Füge auch im folgenden Text die fehlenden Buchstaben ein. Wiederhole die Ableitstrategie.

Im Internet gegen Mobbing vorgehen

Wenn du mitkrie___st, wie andere z.B. auf Facebook gemo___t werden, so ___test du nicht einfach zusehen. Du mu___t dem Opfer unbedingt beistehen. Wer ferti___emacht wird, mu___ fühlen, dass er nicht allein daste___t. Richtig ist es, wenn du schrei___st, dass du mit Mobbing nicht einverstanden bist. Außerdem so___test du Hilfe holen: bei Freunden, älteren Schülern, Eltern oder Lehrern – und bei den sozialen Netzwerken selbst. Fiese Kommentare, Fotos und Videos ka___st du bei Facebook oder YouTube melden – die müssen dann entfernt werden.

Empfehlungen für gutes Gesprächsverhalten formulieren

1. Formuliere die Regeln zum Gesprächsverhalten um. Verwende Imperativformen im Singular.

1. „Gesprächskiller“ vermeiden	*1. Vermeide „Gesprächskiller“!*
– nicht mit Beleidigungen und Beschuldigungen um sich werfen	
– keine schnippischen Antworten geben und den Gesprächspartner nicht unterbrechen	

2. Genau und aktiv zuhören	*2.*
– den Partner beim Sprechen ansehen und inhaltlich Wichtiges bestätigen	

3. Sachlich bleiben	*3.*
– klären, worin die Meinungsverschiedenheiten genau bestehen	
– nichts versprechen, was du offensichtlich nicht halten kannst	

4. Höflich und verständnisvoll sein	*4.*
– die Auffassung des Gesprächspartners respektieren	
– dem Partner helfen, aus einer misslichen Gesprächssituation herauszufinden	

5. Ich-Botschaften verwenden	*5.*
– über die eigenen Gefühle und Überlegungen sprechen, anstatt anderen Schuld zuzuweisen	

Brauchst du Hilfe? Suche den entsprechenden Merksatz auf Seite 60 – 63 und trage die Nummer in die Figur ein.

Ich-Botschaften formulieren

1. Wandle folgende Du-Botschaften in Ich-Botschaften um.

1. Du altes Klatschweib, musst du alles ausposaunen!

2. Du weißt ganz genau, was ich meine!

3. Das kann doch nicht dein Ernst sein!

4. Schrei mich nicht so an!

5. Dass du immer so empfindlich bist; ist ja schrecklich!

6. Das ist eine Riesensauerei von dir!

1. Ich bin enttäuscht, weil ich dir das im Vertrauen gesagt hatte und nun alle Bescheid wissen.

2. Schreibe auf, wie du in folgenden Situationen angemessen reagieren könntest.

1. Du beschwerst dich bei deinen Eltern, weil sie nie Zeit für dich haben.

2. Du beklagst dich bei Freunden, weil sie dein Problem ignorieren.

3. Du beschwerst dich bei deinen Klassenkameraden, weil ihr euch deiner Meinung nach zu wenig auf das Fußballspiel gegen die Parallelklasse vorbereitet.

4. Du hast einem Freund eine CD geliehen. Beim Auspacken bemerkst du, dass sie zerkratzt ist. Du stellst ihn zur Rede.

5. Du hörst zufällig, wie sich ein Mitschüler über deine Freundin lustig macht, weil sie beim Basketballspiel den Korb häufig nicht trifft. Du sprichst mit ihm darüber.

1. Ich bin sehr traurig, dass ihr gar keine Zeit mehr für mich habt, weil ich gern mit euch etwas unternehmen möchte.

Brauchst du Hilfe? Suche den entsprechenden Merksatz auf Seite 60 – 63 und trage die Nummer in die Figur ein.

Wesentliche Informationen aus einem literarischen Text entnehmen

1. Lies den Text und fasse die Informationen mit eigenen Worten zusammen.

Der Neue

„Gib mir das wieder zurück!“ – „Ha, ha, streck dich, Kleiner! Spring!“ – „Verdammt, gib ihm das Handy wieder!“, Martin nahm einem Mitschüler ein glänzendes Handy aus der Hand und überreichte es wieder seinem Besitzer. Dieser schaute schüchtern von seinem Matheheft auf und lächelte Martin an. Kurz war es still in der Klasse, denn noch nie hatte man Matthias lächeln gesehen …

Matthias war ein Außenseiter. Am Anfang wurde er in der Klasse nur ignoriert, aber mit der Zeit begannen einige Mitschüler, ihn zu ärgern: Sie versteckten Hefte, verbreiteten miese Gerüchte oder nahmen ihm Sachen weg.

Dann, im 7. Schuljahr, kam der Neue, Martin, ein cooler Typ, der sofort den Anschluss an die Klasse fand und nur einen Fehler machte: auf der Seite des ewigen Außenseiters Matthias zu sein. Alles begann an jenem Tag, als die Siebentklässler ihrem Lieblingsopfer das Handy weggenommen hatten und Martin es Matthias zurückgegeben hatte.

„Was? Bist du auf der Seite von diesem Loser? Ist jetzt aber nicht dein Ernst?“, die anderen konnten es nicht fassen, dass einer von ihnen, einer von den „Coolen“, zu ihm stehen sollte.

In der nächsten Zeit ließen die Hänseleien nach, wahrscheinlich aus Respekt vor dem Neuen. Dadurch wurde Matthias ein bisschen selbstsicherer. Allmählich entwickelte sich eine Freundschaft mit Martin. Immer öfter sah man die beiden zusammen, in der Pause, auf dem Nachhauseweg ... Bald wurde in der Klasse über Martin gelästert. […]

Lustiger wurde es für sie, als sie Martin zu fünft auf dem Klo auflauerten, ihn verprügelten und ihm den Arm so verrenkten, dass der geschient werden musste. Martin ging nicht petzen, aber er wollte, dass alle Schüler der 7c darüber Bescheid wissen. Er stellte sich vor sie hin…

„Wollt ihr wissen, was mit meinem Arm passiert ist? Na ja, es wäre wahrscheinlich cooler, wenn ich behaupten würde, ich hätte ihn mir beim Basketballspielen verstaucht, stimmt's? So war es aber nicht. Fünf aus unserer Klasse haben mich auf dem Klo festgehalten, nein, stimmt ja gar nicht: Vier haben mich niedergedrückt und einer hat mir den Arm verrenkt. Ich finde nicht nur die Tatsache, dass sie Gewalt angewendet haben, schockierend, sondern ihre Feigheit. Einer von euch hat mich vor ein paar Wochen gefragt, warum ich lieber mit einem Außenseiter „abhänge“ als mit ihnen. Damals habe ich ihm nicht geantwortet. Das will ich jetzt nachholen: Weil der andere Leute so sein lässt, wie sie sind. Weil er keine Vorurteile hat, weil er, niemals Gewalt anwenden würde, und selbst wenn, würde er das allein erledigen, nicht mit Bodyguards.“

2. Stelle Vermutungen an, weshalb Matthias ein Außenseiter ist. Notiere deine Überlegungen, wie man ihm helfen könnte.

3 Ich lebe, wie ich will.

Die Großschreibung testen

1. Lies die verschiedenen Meinungen, die hier zu der Streitfrage geäußert werden. Was meinst du?

Sollte schreiben nur noch am Computer gelehrt werden?

Im folgenden lest ihr, welche meinungen die befragten, Schülerinnen und Schüler der Klasse 7, dazu vertreten.

1. Ich bin von Anfang an für das schreiben am Computer. In fast allen Berufen benutzt man den Rechner für das verfassen von Dokumenten. Das erlernen der Handschrift ist etwas unnötiges und kostet viel Zeit und Geduld.

2. Das gute beim e-mailen ist zweifellos die Tatsache, dass man viel Papier sparen könnte, wenn nicht mehr auf Papier geschrieben und im allgemeinen auf ein ausdrucken verzichtet würde.

3. Wenn wir alles mit dem Computer schreiben würden, wären Briefe oder Kartengrüße, z.B. aus dem Urlaub, Glückwünsche und ähnliches gar nichts besonderes mehr. Außerdem kann ich mir ein mitschreiben und protokollieren von Diskussionsbeiträgen nur am PC nicht vorstellen.

4. Es stimmt zwar, dass man immer weniger handschriftliches braucht, aber das unterrichten der Handschrift sollte deshalb nicht entfallen. Unsere Schrift ist etwas individuelles, einmaliges – wie unsere Stimme.

5. Das entweder-oder halte ich für falsch. Das beste wäre es, wenn erst einmal alles beigebracht würde und dann dem einzelnen überlassen bliebe, wie er das schriftliche bewältigt.

6. Ich bin da geteilter Meinung. Einerseits bin ich für ein tippen am PC, denn das rechtschreiben ist dabei viel leichter, weil man ja das Rechtschreibprogramm benutzen kann. Andererseits muss ich mir beim einprägen, z.B. von Vokabeln, alles aufschreiben. Auch beim lernen von Gedichten nutze ich die Handschrift.

2. In jedem der Texte sind vier Substantive/Nomen fälschlicherweise kleingeschrieben. Markiere sie und schreibe die Texte richtig ins Heft. Kennzeichne auch, woran du erkennst, dass es sich um ein Substantiv/Nomen handelt.

Brauchst du Hilfe? Suche den entsprechenden Merksatz auf Seite 60 – 63 und trage die Nummer in die Figur ein.

Substantive/Nomen in ihren Eigenschaften erkennen

1. Lies, wie hier argumentiert wird. Bilde dir selbst eine Meinung.

Verdienen Fußballer zu viel? – „Ja", findet Klaus Zimmermann, Direktor des „Instituts zur Zukunft der Arbeit" in Bonn. Der Fußballtrainer Felix Magath sieht das anders.

JA Wenn Fußballer zu einem anderen Verein wechseln, gehen sie oft dahin, wo ihnen das beste Gehalt winkt. Möchte ein Club einen richtigen Superstar haben, bietet er ihm ungeheure Summen. Manche Spieler verdienen mehrere Millionen Euro. Das finde ich nicht richtig.
Die hohen Gehälter machen den fairen Wettbewerb im Fußball kaputt. Denn Vereine mit weniger Geld haben gar keine Möglichkeit, Superstars zu verpflichten, weil sie den Spielern nicht so gute Angebote machen können. Die reichen Clubs kaufen dann die Talente weg. Das führt dazu, dass immer die Gleichen gewinnen. Für die Fans dieser Sportart ist das auf Dauer langweilig. ...

NEIN Fußballvereine nehmen eine Menge Geld ein. Sie verdienen zum Beispiel an den Eintrittskarten fürs Stadion, an Fan-Trikots und -Schals oder durch die Übertragungsrechte der Fernsehsender. Dieses Geld bekommen sie nur, weil ihre Mannschaft schönen Fußball bietet. Deswegen finde ich es nur fair, wenn die Vereine den Spielern einen Teil dieses Geldes abgeben und ihnen ein gutes Gehalt zahlen.
Den Beruf des Fußballers kann man schwer mit anderen Berufen vergleichen. Das fängt schon damit an, dass man nicht ein Leben lang Fußballer sein kann. Mit Mitte dreißig ist bei den meisten Schluss. Das bedeutet, dass sie bis dahin genug verdient haben sollten ...

2. Schreibe die markierten Substantive/Nomen mit dem bestimmten Artikel in die Tabelle.

	Singular			Plural
Kasus/Genus (Fall/Geschlecht)	**maskulin** (männlich)	**feminin** (weiblich)	**neutral** (sächlich)	
Nominativ				
Genitiv				
Dativ	*dem Verein*			
Akkusativ				

3. Setze die richtige Kasusendung ein:

die Fans des Held_____, der Berufswunsch des Junge_____, den Adressat_____ benennen, die Mannschaft des Favorit_____, die Aussage des Zeuge_____, die Aufnahme des Fotograf_____

Brauchst du Hilfe? Suche den entsprechenden Merksatz auf Seite 60 – 63 und trage die Nummer in die Figur ein.

Schlussfolgerungen formulieren, Argumenten widersprechen

1. Formuliere Schlussfolgerungen mithilfe der gegebenen Satzanfänge.

Daher ist es richtig, dass …

Deshalb kann man nur zu dem Schluss kommen, dass …

Daraus ergibt sich, dass …

Also ist es gerechtfertigt, dass …

1. Wenn ein Fußballer bekannt ist, kann er sich auf der Straße nicht mehr frei bewegen. Er wird oft erkannt, angesprochen und fotografiert. Er hat gar kein Privatleben mehr.

2. Viele Spieler sind Weltklasse.

4. Fußballer verletzen sich oft. Manchmal sogar so schwer, dass sie danach nie wieder spielen können und möglicherweise für immer Schmerzen haben.

3. Die Spieler gehen ein hohes Risiko ein, dass sie ab 35 nicht mehr spielen können und keine andere Arbeit finden.

2. Widersprich den Argumenten in Aufgabe 1. Nutze die Satzanfänge. Du kannst die angeführten Gegenargumente oder auch eigene Gegenargumente verwenden.

Dieser Meinung bin ich absolut nicht.

Ich sehe das ganz anders.

Dieses Argument kann ich nicht akzeptieren.

Für mich stellt sich das anders dar.

1. Das Privatleben von herausragenden Persönlichkeiten ist immer auch betroffen, ohne dass man solche Gehälter bezahlt.

2. Andere Leistungssportler sind auch Weltmeister und Olympiasieger. Aber solche Summen verdienen sie dennoch nicht.

3. Ziemlich oft müssen sich Arbeitnehmer mehrmals im Leben eine neue Arbeit suchen und vielleicht eine ganz neue Ausbildung erwerben. Dieses Risiko gibt es bei vielen Berufen.

4. In anderen Berufen mit harter körperlicher Arbeit kann man sich ebenfalls schwer verletzen. Dennoch verdienen die betreffenden Arbeitenden bei Weitem nicht so viel.

Unterschiedliche Standpunkte aus Texten erschließen und verarbeiten

1. Lies den Text und sortiere die enthaltenen Argumente danach, ob sie für oder gegen das Turbo-Abitur sprechen. Unterstreiche unterschiedlich.

Turbo-Abitur – pro oder kontra?

Vor einigen Jahren beschlossen Politiker, dass Schüler das Abitur nach acht statt nach neun Jahren Gymnasium machen sollen. Jetzt schaffen einige Bundesländer das Ganze wieder ab. Warum? Sollen Kinder lieber acht oder neun Jahre lang das Gymnasium besuchen? Abitur mit 18 oder 19 Jahren – was ist besser? Seit die meisten Bundesländer vor einigen Jahren das sogenannte Turbo-Abi eingeführt haben, gibt es immer wieder Streit darum.

Viele Kinder sind überfordert, klagen über zu viel Druck. Nach dem Unterricht haben sie keine Zeit mehr, um Fußball zu spielen, Gitarre zu üben oder sich einfach mal mit Freunden zu treffen.

Als das Turbo-Abi […] eingeführt wurde, fanden viele die Idee noch ganz toll. Denn wenn die Schüler ein Jahr früher ihren Abschluss machen, können sie auch früher auf die Uni gehen oder eine Ausbildung anfangen – und damit auch früher arbeiten und Geld verdienen. Und weil Menschen, die Geld verdienen, auch Steuern zahlen, hielten viele Politiker das für eine gute Sache.

Auch die Unternehmen waren von der Idee begeistert: Nun können sie ein Jahr früher mit dem frisch ausgebildeten Nachwuchs rechnen. Und außerdem: In fast allen Ländern Europas gehen die Schüler ebenfalls nur zwölf Jahre zur Schule. Auch in Sachsen ist das ganz normal. Wieso sollten Schüler in Bayern, Hamburg oder Nordrhein-Westfalen länger brauchen?

Was die Politiker aber nicht bedacht haben: Die Schulzeit wurde zwar kürzer – der Schulstoff aber nicht weniger. In den Abi-Prüfungen müssen Schüler genauso viel über Mathe, Deutsch und Englisch wissen wie früher. Das heißt: mehr Schulstunden pro Tag, mehr Stress.

Mittlerweile verbringen Kinder mit der Schule genauso viel Zeit wie Erwachsene mit ihrem Beruf: rund 38 Stunden in der Woche. So kann es nicht weitergehen, fordern die Gegner des Turbo-Abiturs. In Bayern und Hamburg haben sich Vereine gegründet, die fleißig Unterschriften gegen das Turbo-Abi sammeln.

Eine für ganz Deutschland geltende Regel wird es aber nicht geben. Denn jedes Bundesland kann über Schule und Bildung allein bestimmen, ohne sich mit den anderen abzusprechen. Und das führt zu einem ziemlichen Durcheinander.

2. Notiere, welche Meinung du in der strittigen Frage vertrittst. Begründe deine Meinung mit entsprechenden Argumenten. Ordne deine Argumente zu einer Argumentationskette.

4 Bewährungsproben

Zeitangaben richtig schreiben

1. Lies den Bericht über eine Klassenfahrt nach Berlin. Schreibe bei den markierten Zeitangaben jeweils den richtigen Anfangsbuchstaben.

Montag: *Endlich war es so weit! Am (M/m) Montag (F/f) ___rüh fuhren wir, die Klasse 7a, des Schillergymnasiums, los. Jeder freute sich auf die Woche in Berlin.*
Am frühen (N/n) ___achmittag kamen wir im Hotel „Spree" an. Gleich am (A/a) ___bend machten wir einen Abstecher zum Potsdamer Platz.
Dienstag: *Am nächsten (M/m) ___orgen war kaum jemand richtig ausgeschlafen. In der (N/n) ___acht war es laut, denn die S-Bahnen fahren direkt am Hotel vorbei. Besonders (N/n) ___achts hört man das. Frühstück gab es – wie immer (M/m) ___orgens – um 7.30 Uhr. Vom Frühstücksraum im 7. Stock hatte man eine schöne Aussicht über Berlin am frühen (M/m) ___orgen. Danach war ein Stadtrundgang angesagt: Wir besichtigten das Brandenburger Tor, den Dom, den Gendarmenmarkt und Checkpoint Charlie. Gegen (M/m) ___ittag fuhren wir an einen Ort, der jeden bewegte: Hohenschönhausen – ein ehemaliges Gefängnis der Stasi [1]. Es ist wirklich unglaublich, was dort geschah.*
Später am (A/a) ___bend gab es Essen im Hotel.
Mittwoch: *Nach dem Frühstück fuhren wir zum Reichstag, wo wir den (V/v) ___ormittag verbrachten. Am (M/m) ___ittwochnachmittag besuchten wir das Schokoladenmuseum. Einige ließen sich ihre persönliche Schokolade kreieren. Nach der „Schokowelt" kehrten alle gegen (A/a) ___bend geschafft ins Hotel zurück.*
Donnerstag: *Wir verbrachten den Tag in Tropical Island, einem Erlebnisschwimmbad in der Nähe Berlins. Am (D/d) ___onnerstagabend besuchten wir ein Musical, das im Tropical Island aufgeführt wurde. Gegen 20 Uhr fuhren wir zurück zum Hotel, wo uns – wie immer (A/a) ___bends – ein leckeres Büfett erwartete. Ein bisschen drückte alle der Gedanke, dass wir (M/m) ___orgen schon wieder zurückfahren müssen.*
Freitag: *Gleich in der (F/f) ___rühe mussten wir Abschied von Berlin nehmen.*

[1] Stasi, die: Die Staatssicherheit war der Geheimdienst der DDR.

Brauchst du Hilfe? Suche den entsprechenden Merksatz auf Seite 60 – 63 und trage die Nummer in die Figur ein.

Die Stellung von Satzgliedern zur Textverbesserung nutzen

1. Beim Wintersport kommt es häufig zu Unfällen, weil die Vorschriften im Skigebiet nicht beachtet werden. Auch in dem folgenden Text geht es um einen Skiunfall. Stelle fest, wie es dazu kommen konnte.

Schussfahrt

Florian ist Sportler durch und durch. Er spielt von klein auf Fußball und Basketball, geht im Sommer schwimmen und schnorcheln. (1) Er fährt im Winter Ski oder Snowboard. (2) Er spielt auch noch Unihockey, seit er in der Wilhelm-Busch-Schule ist. (3) Er kann sich ein Leben ohne Sport nicht vorstellen.

Florian musste natürlich nicht lange überlegen, ob er mit ins Skilager nach St. Anton in Tirol fahren will.

Alle interessierten Schüler trugen sich in die Liste ein; auch sein Freund Christian. Tag der Abfahrt war Freitag, der 5. Februar. Alle Schüler sollten sich Punkt 5.30 Uhr vor der Schule treffen. Das war zwar sehr früh, aber die Busfahrt nach St. Anton dauert gut sieben Stunden.

Florian kam auf den letzten Drücker, wie immer. Aber das war egal, Florian war da, und es konnte losgehen.

(4) Alles war an den ersten drei Tagen wie in einem Wintermärchen: weißer Pulverschnee und Sonnenschein. (5) Der schwarze Dienstag aber kam dann. (6) Alle fuhren bis Mittag gemeinsam. (7) Florian und Christian wollten gegen 13.30 Uhr eine schwarze Piste ausprobieren. Sie setzten sich heimlich von der Gruppe ab. (8) Florian kam bei der Abfahrt nach St. Christoph auf einem vereisten Teilstück ins Schlingern und stürzte.

Christian, der hinter ihm fuhr, sah alles mit an. (9) Er alarmierte mit seinem Handy den Rettungsdienst, als Florian sein linkes Bein nicht mehr bewegen konnte und vor Schmerzen fast ohnmächtig wurde.

Die Bergrettung war nach nur zehn Minuten vor Ort. (10) Florian war nach weiteren fünfzehn Minuten im Tal und wurde von dem ansässigen Unfallchirurgen behandelt. Dieser hatte nach dem Röntgen festgestellt, dass Florians linkes Bein gebrochen war. Er verpasste ihm gleich einen Gips. (11) Christian hatte in der Zwischenzeit Florians Mutter telefonisch erreicht und ihr vom Unfall ihres Sohnes erzählt. Diese einigte sich später mit unserer Sportlehrerin darauf, dass Florian die restlichen zwei Tage in St. Anton bleiben und dann mit der Gruppe nach Hause kommen sollte.

2. In diesem Text beginnen alle Sätze mit dem Satzglied Subjekt. Dadurch liest er sich mitunter wenig flüssig. Gestalte den Text abwechslungsreicher, indem du die Satzgliedstellung in den markierten Sätzen veränderst.

3. Analysiere die neu gebildeten Sätze und vermerke, mit welchem Satzglied der Satz jeweils beginnt.

Ausdrucksfehler erkennen und beseitigen

1. Christians Bericht enthält einige Ausdrucksfehler. Ersetze die fehlerhaften Wörter und schreibe sie. Manchmal muss der Satz auch etwas verändert werden. Schreibe den Text verbessert in dein Heft.

Obwohl unsere Sportlehrerin, Frau Köhler, uns davor gedroht hatte, unseren Hang zu verlassen, sind Florian und ich zum Nebenhang gefahren, weil wir eine schwarze Piste ausprobieren wollten.
Florian wollte mir zeigen, dass er sich von ganz oben vertraute. Deshalb kletterten wir ziemlich hoch. Florian fuhr zuerst los. Er stützte sich kräftig mit beiden Skistöcken ab und erreichte bald ein rasendes Tempo.
Ich verfolgte Florian in etwa zehn Metern Abstand. Da ich aber von Anfang an bremste und viel langsamer fuhr, entfiel er mir bald aus den Augen. Deshalb konnte ich auch nicht entdecken, wie er zu Sturz gekommen war. Die Piste war sehr gewellt und kurvig, außerdem ziemlich eisig.
Ungefähr in der Hälfte der Strecke sah ich ihn dann schon liegen. Ich habe mich sehr erschreckt. Wahrscheinlich hatte er sich an einer Wurzel aufgehängt.

2. Setze die richtigen Wörter ein.

erschrecken

Christian (1) ______________, als er Florian liegen sah. Florian hatte sich selbst sehr (2) ______________. Christian (3) ______________ sowieso immer sehr schnell. Er sagte zu Florians Mutter am Telefon: „(4) ______________ Sie bitte nicht!"

hängen, aufhängen, hängen bleiben

Er hat sein nasses T-Shirt (1) ______________. Es hat eine Woche an der Leine (2) ______________. Florian war an einer Wurzel (3) ______________.

Eine Reportage erschließen

1. Lies die Reportage. Unterstreiche alle Stellen, an denen persönliche Eindrücke und Gefühle zum Ausdruck gebracht werden.

Reiseträume und ein unbekanntes Land

Verdammt. Ich bin wirklich in Polen! Hätte es nicht Frankreich, Italien oder wenigstens Österreich sein können? Aber nein, jetzt sitze ich in einem Kleinbus mit einer ganzen Horde schnatternder Mitschüler auf dem Weg nach Krakau, und das alles nur wegen der EU-Osterweiterung und unserer neuen Partnerschule.

Vor mir sehe ich unsere Unterkunft für die nächsten paar Tage – eine kleine, etwas altmodische Jugendherberge. „Na, das kann ja was werden!", denke ich mir so. Doch was hatte ich denn erwartet – ein Vier-Sterne-Hotel? Als wir unser Gepäck in die Zimmer schaffen, muss ich mir eingestehen, dass es doch eigentlich gar nicht so schrecklich ist. Okay, also hatte ich mich in diesem Punkt geirrt, aber ansonsten wird Polen bestimmt genauso sein, wie immer erzählt wird: heruntergekommen, kriminell, grau und nicht gerade sehr spannend …

Der nächste Morgen – und schon wieder sitze ich im Bus. Diesmal auf dem Weg zur Stadtrundfahrt durch die Krakauer Innenstadt. Am Fenster ziehen kleine Häuser vorbei. Meine Freundin Kristin, die neben mir sitzt, sagt nur immer wieder, wenn sie ältere Menschen mit weniger „westlichen" Klamotten sieht: „Die Armen, die haben es ja wirklich nicht so gut wie wir!" Als ich schon fast wieder am Einschlafen bin, hält der Bus ruckartig an. Mit einem Mal stürzen alle hinaus in den Sonnenschein. Durch das schöne Wetter sieht Polen doch gleich viel weniger grau aus, und als wir um die nächste Ecke biegen, bin ich überrascht und unglaublich beeindruckt von der faszinierenden Architektur der Gebäude auf dem restaurierten Marktplatz. Nach diesem äußerst lehrreichen Kulturschock beschließen wir, in ein schnuckeliges Straßencafé zu fahren. Dort warten zu unserer Überraschung unsere Partnerschüler! Ich muss schon sagen: Diese Reise wird immer besser. Die polnischen Schüler kommen sofort auf uns zu, begrüßen jeden und beginnen uns in perfektem Englisch auszufragen. Zuerst sind wir zwar noch etwas zurückhaltend, aber nach kurzer Zeit verstehen wir uns richtig gut. Wir haben fast dieselben Interessen, und deshalb verabreden wir uns gleich für den nächsten Tag.

Wir fahren zusammen in die Stadt, und sie zeigen uns einfach alles, was uns interessieren könnte. Abends gehen wir noch in eine Disco, wo wir richtig feiern.

Aber dann müssen wir leider auch schon Abschied von Polen nehmen, da der letzte Tag unseres Kurztrips gekommen ist. Ich habe mich in Bezug auf emotionale Ausbrüche immer für immun gehalten, doch jetzt fühle ich, dass meine Augen feucht werden, als ich den Menschen sehe, mit dem ich mich in den letzten beiden Tagen am besten verstanden habe – Jacek. An der deutschen Grenze wird mir klar, dass nicht alles so ist, wie es auf den ersten Blick scheint, und man sich niemals von Vorurteilen leiten lassen sollte.

2. Was meint wohl die Verfasserin, wenn sie von einem „lehrreichen Kulturschock" (Z. 36 f.) spricht?

5 Verkehrte Welt

Wörter mit *ss* und *ß* richtig schreiben

1. Lies die Parodie von „Der Wolf und die sieben Geißlein“. Eine Parodie ist eine übertriebene Nachahmung einer bekannten Form.

Doris Mühringer: Der Wolf und die sieben Geißlein

Muss einmal, sagte der Wolf zu seiner Frau [...] wieder was Ordentliches in den Magen kriegen. Werde mich nach den sieben Geißlein umschauen. Ging also und schaute sich nach den sieben jungen Ziegen um. Ging und ging und schaute und schaute und es waldete und waldete immer mehr und immer dunkler und dichter, und als es endlich so dunkel und dicht war, dass man vor lauter Bäumen den Wald nicht mehr sehen konnte, dachte der Wolf: Wenn's mit rechten Dingen zugeht im Märchen, so muss jetzt die Wiese kommen, und auf der Wiese muss das Haus stehen, und in dem Haus müssen die sieben jungen Geißlein hübsch artig um den Tisch herum sitzen und darauf warten, dass ich komme, und das jüngste schaut sich schon nach dem Uhrkasten um. Und so war's auch.

Hielt sich also nicht lang mit Denken auf, der Wolf, ging drauflos auf das Haus zu (hatte Kreide mitgebracht für die Stimme und Teig für die Pfote, denn er kannte das Märchen) und fraß von sieben Geißlein sechs auf. Das siebte ließ er im Uhrkasten sitzen: erstens, weil er satt war, zweitens, damit es seiner Mutter alles erzählen konnte, drittens, damit es mit dem Märchen seine Richtigkeit hatte. Überlegte es sich's aber dann doch, legte sich also nicht auf die grüne Wiese draußen unter den Kirschbaum, um einzuschlafen und von der alten Ziege aufgeschlitzt, mit Steinen gefüllt und zugenäht zu werden wie im Märchen, sondern trollte sich nach Hause, der Wolf. Und wenn er nicht später einmal doch noch gestorben wäre, weil er zu viele Hasen gefressen hatte, die zu viel Kohl gefressen hatten, der mit zu viel Insektengift gespritzt war, so lebte er noch heute.

2. Ergänze die Regel zur Schreibung des *s*-Lautes. Falls du unsicher bist, sieh im Lösungsheft nach.

Doppel-s steht nur nach __________ gesprochenem Vokal (Flu____, Fa____). Nach __________ gesprochenem Vokal sowie nach ie, au/äu, ai/ei schreibt man für einen __________________ s-Laut ß (Fu____, au____en, hei____).

3. Unterstreiche im Text die acht Wörter, die dieser Rechtschreibregel entsprechen.

4. Lege eine Tabelle an und ergänze die Formen für *fressen*, *essen* und *müssen*.

lassen	*er lässt*	*er ließ*	*gelassen*

Das grammatische Wissen testen

1. Alle Testaufgaben beziehen sich auf den Text Seite 20. Kreuze die richtigen Antworten an.

1. Welche Wortart vermisst man beim Lesen des Textes in vielen Sätzen?
   - ☐ a) Verben
   - ☐ b) Substantive/Nomen
   - ☐ c) Personalpronomen
   - ☐ d) Artikel

2. Suche das Wort heraus, das im Satz eine adverbiale Bestimmung bildet.
   ☐ a) sieben (Z. 5) ☐ b) später (Z. 32 f.)

3. Bestimme die Wortarten der Wörter in diesem Teil des Satzes. „*und – von – der – alten – Ziege – aufgeschlitzt*“ (Z. 29 f.)
   - ☐ a) Präposition – Konjunktion – Artikel – Adjektiv – Substantiv/Nomen – Verb
   - ☐ b) Konjunktion – Präposition – Artikel – Adjektiv – Substantiv/Nomen – Adverb
   - ☐ c) Konjunktion – Präposition – Artikel – Adjektiv – Substantiv/Nomen – Verb

4. Bestimme im Satzzusammenhang Person, Numerus, Genus, Modus und Tempus: „*Werde mich … umschauen*“ (Z. 3 f.)
   - ☐ a) 1. Person – Plural – Aktiv – Indikativ – Futur I
   - ☐ b) 1. Person – Singular – Aktiv – Konjunktiv – Präsens
   - ☐ c) 1. Person – Singular – Aktiv – Indikativ – Futur I

5. Welche grammatische Funktion hat in dem Satz „*dass man vor lauter Bäumen <u>den Wald</u> nicht sehen konnte*“ (Z. 8 ff.) der unterstrichene Ausdruck?
   - ☐ a) Subjekt
   - ☐ b) Akkusativobjekt
   - ☐ c) Dativobjekt
   - ☐ d) Adverbialbestimmung

6. Bestimme im Satzzusammenhang Person, Numerus, Genus, Modus und Tempus: „*die zu viel Kohl gefressen hatten*“ (Z. 34 f.)
   - ☐ a) 3. Person – Plural – Aktiv – Indikativ – Plusquamperfekt
   - ☐ b) 1. Person – Plural – Aktiv – Indikativ – Plusquamperfekt
   - ☐ c) 3. Person – Singular – Passiv – Indikativ – Präteritum

7. Welcher Satz drückt die gleiche Zeit aus wie der Satz: „*Werde mich nach den sieben Geißlein umschauen.*“ (Z. 3 f.)
   - ☐ a) Habe mich nach den sieben Geißlein umgeschaut.
   - ☐ b) Werde mich nach den sieben Geißlein umgeschaut haben.
   - ☐ c) Schaue mich gleich nach den sieben Geißlein um.
   - ☐ d) Schaute mich gleich nach den sieben Geißlein um.

- **19–21 Punkte:** Du kennst dich in der deutschen Grammatik sehr gut aus.
- **15–18 Punkte:** Dein Wissen ist nicht schlecht, aber du solltest manche Begriffe wiederholen.
- **Weniger als 15 Punkte:** Du solltest unbedingt noch einmal die Grammatikkapitel durcharbeiten.

2. Werte deine Ergebnisse aus: Für jede richtige Lösung erhältst du drei Punkte. Ordne dich ein.

Den Wortschatz und sprachlichen Ausdruck testen

1. Auch diese Testaufgaben beziehen sich auf den Text Seite 20. Kreuze die richtigen Antworten an.

1. Welches Verb kann in dem Satz in Z. 3 f. das Wort „*umschauen*" am besten ersetzen?
   - ☐ a) umdrehen
   - ☐ b) umsehen
   - ☐ c) erkundigen

2. Welches Wort kann in dem Satz in Z. 31 das Wort „*trollte*" am wenigsten ersetzen?
   - ☐ a) bewegte
   - ☐ b) schlich
   - ☐ c) rettete

3. Welche Formulierung kann den Satz „*Hielt sich also nicht lang mit Denken auf*" (Z. 18) weniger sinnvoll ersetzen?
   - ☐ a) Überlegte nicht lange
   - ☐ b) Hielt sich nicht lang mit Glauben auf

4. Welche Formulierung kann die Redewendung „*was Ordentliches in den Magen kriegen*" (Z. 2 f.) am ehesten ersetzen?
   - ☐ a) etwas zu essen probieren
   - ☐ b) etwas Gutes essen
   - ☐ c) etwas naschen

5. Welches ist die eigentliche Bedeutung der Redewendung „*vor lauter Bäumen den Wald nicht mehr sehen*" (Z. 9 f.)?
   - ☐ a) der Wald ist sehr dicht
   - ☐ b) etwas sehr Deutliches nicht erkennen

6. Wie lautet die folgende Aussage in der indirekten Rede? „*Muss einmal*", *sagte der Wolf zu seiner Frau [...]*, „*wieder was Ordentliches in den Magen kriegen.*" (Z. 1 ff.)
   - ☐ a) Der Wolf sagte, dass er wieder einmal etwas Ordentliches in den Magen kriege.
   - ☐ b) Der Wolf sagte, dass er wieder einmal etwas Ordentliches in den Magen kriegen müsse.

7. Welche Formulierung kann den Satz „*damit es mit dem Märchen seine Richtigkeit hatte*" (Z. 25 f.) am wenigsten sinnvoll ersetzen?
   - ☐ a) damit alles so wie in dem Märchen war
   - ☐ b) damit man das Märchen erzählen konnte
   - ☐ c) damit alles mit dem Märchen übereinstimmte

8. In welchem Satz werden die unterstrichenen Substantive/Nomen durch die richtigen Pronomen ersetzt: „*so muss jetzt die Wiese kommen, und auf <u>der Wiese</u> muss das Haus stehen, und in <u>dem Haus</u> müssen ...*" (Z. 11 ff.)
   - ☐ a) und auf ihr steht das Haus, und in ihm müssen ...
   - ☐ b) und auf ihr steht das Haus, und in ihr müssen ...
   - ☐ c) und auf ihm steht das Haus, und in ihm müssen ...

- **22–24 Punkte:** Du bist in Wortschatz und sprachlichem Ausdruck wirklich spitze.
- **18–21 Punkte:** Dein Wortschatz und Ausdruck sind nicht schlecht, trotzdem solltest du noch intensiver an deinen Formulierungen arbeiten.
- **Weniger als 18 Punkte:** Du solltest unbedingt an der Wortschatzverwendung arbeiten.

2. Werte deine Ergebnisse aus: Für jede richtige Lösung erhältst du drei Punkte. Ordne dich ein.

Eine Inhaltsangabe überarbeiten

1. Prüfe, welche Grundsätze einer Inhaltsangabe hier verletzt werden.

„Der Wolf und die sieben jungen Geißlein" – dieses Märchen trägt oft auch nur den Titel „Der Wolf und die sieben Geißlein".

Es war einmal eine alte Geiß, die hatte sieben junge Geißlein, die hatte sie sehr lieb. Eines Tages wollte sie in den Wald gehen und Futter holen. Da rief sie ihre Kinder herbei und sprach: „Liebe Kinder, ich will hinaus in den Wald, nehmt euch in Acht vor dem Wolf. Lasst ihn auf keinen Fall herein."

Kurz nachdem sie gegangen ist, kommt bereits der Wolf vorbei, klopft, sagt, er sei ihre Mutter und bittet, die Tür zu öffnen. Die Geißlein erkennen jedoch an der Stimme, dass der Wolf und nicht ihre Mutter vor der Türe steht, und lassen ihn nicht hinein. Daraufhin geht der Wolf zum Krämer, kauft Kreide und frisst die, um damit seine Stimme zarter zu machen. Nun kehrt er zum Haus der Geißlein zurück. Da der Wolf allerdings seine schwarze Pfote auf das Fensterbrett legt, erkennen die Geißlein den Betrugsversuch und lassen ihn nicht hinein. Für den dritten Versuch lässt sich der Wolf vom Bäcker Teig auf den Fuß streichen und zwingt danach den Müller, diesen mit Mehl zu bestäuben. Nun geht der Bösewicht zum dritten Mal zu der Haustür, klopft an und spricht: „Macht auf, Kinder, euer liebes Mütterchen ist heimgekommen und hat jedem von euch etwas mitgebracht!" Und diesmal gelingt es ihm wirklich, die Geißlein zu täuschen, die nun die Tür öffnen. Der böse Wolf stürmt hinein und frisst sechs der sieben Geißlein, das jüngste kann sich in der Standuhr verstecken. Als die Geißenmutter nach Hause kommt, kommt das Geißlein aus seinem Versteck und berichtet vom Wolf und den gefressenen Geschwistern. Der Wolf liegt noch auf der Wiese vor dem Haus und schläft. Mutter Geiß eilt ins Haus und holt ihr Nähzeug. Sie schneidet den Bauch des Wolfes auf und alle sechs Geißlein springen heraus. Die Mutter beauftragt ihre Kinder, Steine zu sammeln, die sie dann in den Bauch des Wolfs einnäht. Als der Wolf wieder aufwacht, ist er sehr durstig und geht zum Trinken an den Brunnen. Als er sich über den Rand lehnt, ziehen ihn die Steine hinein, wo er ertrinkt.

„Der Wolf und die sieben jungen Geißlein" ist ein bekanntes Tiermärchen. Es steht in den Kinder- und Hausmärchen der Brüder Grimm. Alle Eltern sollten es ihren Kindern vorlesen. Es gehört zum deutschen Kulturgut. Meiner Meinung nach gehört es auch zur Allgemeinbildung.

2. Überarbeite die Inhaltsangabe.

6 Grenzen überschreiten

Wörter mit *z*, *tz* und *tzt* richtig schreiben

1. *z – tz – tzt*? Ergänze die fehlenden Buchstaben.

Das günstige Mittagessen

(Nach einer Kalendergeschichte von Johann Peter Hebel)

Zum Löwenwirt se___te sich ein wohlgekleideter Gast. Kur___ und tro___ig verlangte er für sein Geld ein gutes Schni___el mit Pil___en. Der Wirt fragte gan___ höflich, ob ihm das Her___ nicht auch nach einem Glas Wein stehe.

„Oh, freilich, ja", erwiderte der Gast und ergän___te, „wenn ich etwas Gutes haben kann für mein Geld."

Nachdem er sich alles hatte wohl schmecken lassen, zog er eine abgegriffene Mün___e aus der Tasche und winkte den Wirt zu seinem Pla___: „Hier, Herr Wirt, ist mein Geld."

Der Wirt sagte: „Soll das ein Scher___ sein? Ihr seid mir einen Taler schuldig!"

Der Gast erwiderte schmun___elnd: „Ich habe nicht für einen Taler Speise von Euch verlangt, sondern für mein Geld. Hier ist mein Geld. Mehr hab' ich nicht. Habt Ihr mir zu viel dafür gegeben, so ist's Eure Schuld."

„Ihr seid ein Schli___ohr", erwiderte der Wirt, „und hättet wohl etwas anderes verdient. Aber ich schenke Euch das Mittagessen und hier noch ein Vierundzwan___igkreu___erstück dazu. Nur seid stille zur Sache und geht zu meinem Nachbarn, dem Bärenwirt, und macht es ihm ebenso." Das sagte er, weil beide Er___feinde waren.

Der gewi___e Gast griff lächelnd mit der einen Hand nach dem Gelde, mit der andern nach der Hol___türe, wünschte dem Wirt einen guten Abend und sagte stol___:

„Bei Eurem Nachbarn, dem Herrn Bärenwirt, bin ich schon gewesen, und eben der hat mich je___ zu Euch geschickt."

So waren zule___ beide hintergangen, und der Dritte hatte den Nu___en davon.

Brauchst du Hilfe? Suche den entsprechenden Merksatz auf Seite 60 – 63 und trage die Nummer in die Figur ein.

Lösungen
Sprachförderheft deutsch.kompetent 7

978-3-12-316103-2

Geniale Erfindungen der Natur

Seite 4 Rechtschreibung

2.+3. *-ieren:* produzieren, reparieren, funktionieren, analysieren, faszinieren, existieren
-iv: relativ, aggressiv, aktiv, qualitativ, quantitativ
-in: Medizin, Protein, Benzin, Disziplin, Magazin, Nikotin, Vitamin,
-tion: Produktion, Funktion, Operation, Position, Situation
-il: stabil, Textilien, Exil, Profil, steril, Ventil
-ell: industriell, maschinell, speziell, kulturell, universell
-ant: interessant, konstant, riskant, rasant

4. aggressiv → die Aggressivität, aktiv → die Aktivität, elektrisch → die Elektrizität, naiv → die Naivität, objektiv → die Objektivität, passiv → die Passivität, plastisch → die Plastizität, primitiv → die Primitivität, qualitativ → die Qualität, quantitativ → die Quantität, relativ → die Relativität, stabil → die Stabilität, universell → die Universalität

Seite 5 Grammatik

1. Die Spinne wird auf ein Schaumstoffkissen gelegt und zugedeckt, damit sie nicht weglaufen kann. Der Spinnenfaden wird mithilfe eines Aufwickelgeräts herausgezogen.

2. Zur Erzeugung von Spinnfäden wurde von Forschern in der Medizinischen Hochschule Hannover eine Spinnenmelkmaschine entwickelt.
Die Spinnenseide wird in verschiedenen Heilungsprozessen eingesetzt, …
Die Netze werden von den Spinnen oben zwischen alten Ästen gebaut.
Als Erstes wird die Spinne Planck von Sarah eingesammelt, …
In einer Plastikbox wird die Spinne von Sarah ins Nebenzimmer getragen.
Mit einer Pinzette wird Planck von ihr auf ein Schaumstoffkissen gelegt, dann wird von ihr ein dünner Verbandsstoff über der Spinne befestigt.
Ganz vorsichtig wird von Sarah an dem Faden gezogen und dieser an einem Aufwickelgerät befestigt.
Aber nach 15 Minuten wird von Sarah die Melkmaschine immer abgeschaltet.

Seite 6 Ausdruck und Wortschatz

1. Jeden Morgen webt die Kreuzspinne in einer halben Stunde ein neues Netz. Am Abend zuvor frisst sie es auf und verzehrt dabei haften gebliebene pflanzliche Teile.
Der Jagdtrieb ist das große Hindernis bei der Fortpflanzung der Spinnen. Wenn sich nämlich ein Männchen einem Weibchen nähert, muss es ihm erst einmal durch Signale deutlich machen, dass es (das Weibchen) keine Beute ist. Bei der Kreuzspinne muss es (das Weibchen) in einem genau vorgegebenen Rhythmus an ihrem Netz zupfen, um seinen (das Männchen) Beuteinstinkt auszuschalten.
Nach der Befruchtung setzen die Weibchen jeweils 800 mit Dotter gefüllte Eier ab, in denen sich der Nachwuchs bis zum Larvenstadium entwickelt. Nach ihrer (die Larven) Häutung und der Ausbildung aller Organe spinnen sie (die Larven) selbstständig ihre (die Larven) Netze.

2. Mögliche Lösung: Jeden Morgen webt die Kreuzspinne in einer halben Stunde ein neues Netz. Am Abend zuvor frisst sie das alte Netz auf und verzehrt dabei haften gebliebene pflanzliche Teile.
Der Jagdtrieb ist das große Hindernis bei der Fortpflanzung der Spinnen. Wenn sich nämlich ein Männchen einem Weibchen nähert, muss das Männchen dem Weibchen erst einmal durch Signale deutlich machen, dass es keine Beute ist. Bei der Kreuzspinne muss das Männchen in einem genau vorgegebenen Rhythmus am Netz des Weibchens zupfen, um dessen Beuteinstinkt auszuschalten.
Nach der Befruchtung setzt das Weibchen etwa 800 mit Dotter gefüllte Eier ab, in denen sich der Nachwuchs bis zum Larvenstadium entwickelt. Nach der Häutung und der Ausbildung aller Organe spinnen die Tiere selbstständig ihre Netze.

3. 2. die Materialeigenschaften von Spinnfäden, 3. die Formen der Netze von Gartenspinnen, 4. die Möglichkeiten der Anwendung von Spinnenseide, 5. die Variante der Proteinstruktur von Seide

Seite 7 Umgang mit Texten

1. Mögliche Lösung:
1. Menschen empfinden Spinnen als eklig und Spinnen empfinden Menschen als eklig.
2. Sarah Strauß ist Biologin und untersucht in der Medizinischen Hochschule Hannover Spinnen.
3. Man erforscht, wie Spinnfäden bei der Heilung durchtrennter Nerven eingesetzt werden können.
4. Man versucht, mithilfe von Spinnfäden Haut zu züchten.

„Spinnst du?!"

Seite 8 **Rechtschreibung**

1. kann, schmerzt, muss, Kippt, stellt, versteckt, hinterlässt, beleidigt, äfft, nennt, erkennt, nachgestellt
2. kann – können, schmerzt – schmerzen, muss – müssen, kippt – kippen, stellt – stellen, versteckt – verstecken, hinterlässt – hinterlassen, beleidigt – beleidigen, äfft – äffen, nennt – nennen, erkennt – erkennen, nachgestellt – nachstellen
3. mitkriegst, gemobbt, solltest, musst, fertiggemacht, muss, dasteht, schreibst, solltest, kannst

Seite 9 **Grammatik**

1. 1. Vermeide „Gesprächskiller"!
   - Wirf nicht mit Beleidigungen und Beschuldigungen um dich!
   - Gib keine schnippischen Antworten und unterbrich den Gesprächspartner nicht!

   2. Höre genau und aktiv zu!
   - Sieh den Partner beim Sprechen an und bestätige inhaltlich Wichtiges!

   3. Bleibe sachlich!
   - Kläre, worin die Meinungsverschiedenheiten genau bestehen!
   - Versprich nichts, was du offensichtlich nicht halten kannst!

   4. Sei höflich und verständnisvoll!
   - Respektiere die Auffassung des Gesprächspartners!
   - Hilf dem Partner, aus einer misslichen Gesprächssituation herauszufinden!

   5. Verwende Ich-Botschaften!
   - Sprich über die eigenen Gefühle und Überlegungen, anstatt Schuld zuzuweisen!

Seite 10 **Ausdruck und Wortschatz**

1. Mögliche Lösung:
   2. Ich bin wütend, wenn jemand so über mich spricht.
   3. Ich verstehe nicht, warum …
   4. Ich möchte, dass du mir in Ruhe erzählst, …
   5. Ich wusste nicht, dass dich das so verletzt.
   6. Ich fühle mich bloßgestellt, wenn heute alle diese Information bekommen und ich mich nicht wehren kann.
2. Mögliche Lösung:
   2. Ich wünsche mir, dass ihr mein Verhalten versteht, weil ihr die wichtigsten Personen für mich seid und ich euch brauche.
   3. Ich möchte, dass wir uns in den nächsten Tagen zum Fußballtraining treffen, weil wir sonst nicht gewinnen werden.
   4. Als ich heute beim Auspacken die Kratzer auf der CD bemerkt habe, war ich sehr enttäuscht, vor allem darüber, dass du mir keinen Ton davon gesagt hast.
   5. Ich finde deinen Spott sehr unfair. Ich würde es gut finden, wenn du ihr den einen oder anderen deiner Tricks erklären würdest. Vielleicht als Gegenleistung für ihre Hilfe in Deutsch.

Seite 11 **Umgang mit Texten**

2. Mögliche Lösung: Es ist möglich, dass Matthias in irgendeiner Hinsicht anders als die anderen Schüler ist, z. B.:
   - Er schließt sich bei bestimmten Klassenvorhaben aus.
   - Er ist unsportlich oder tollpatschig.
   - Er wird von seinen Eltern verhätschelt.
   - Er trägt andere Kleidung als die anderen.
   - Er macht bei Streichen der Klasse nicht mit.
   - Er ist strebsamer als die meisten anderen Schüler.
   - Er hat einen Migrationshintergrund usw.

   Man müsste den Mitschülern deutlich machen, dass es kein „Kunststück" ist, mit dem „Mainstream" zu gehen oder zu schweigen. Viel Mut gehört hingegen dazu, bei Mobbingaktionen nicht mitzumachen, und das auch zu sagen, sowie tolerant bei Minderheitenpositionen zu sein.

Ich lebe, wie ich will.

Seite 12 **Rechtschreibung**

1. abhängig von Schülerbeiträgen
2. **Sollte Schreiben** …: (das) Schreiben, Im Folgenden, Meinungen, die Befragten
   1. das Schreiben, das Verfassen, Das Erlernen, etwas Unnötiges
   2. Das Gute beim E-Mailen, im Allgemeinen, ein Ausdrucken
   3. Ähnliches, nichts Besonderes, ein Mitschreiben und Protokollieren
   4. weniger Handschriftliches, das Unterrichten, etwas Individuelles, Einmaliges
   5. Das Entweder-Oder, Das Beste, dem Einzelnen, das Schriftliche
   6. ein Tippen, das Rechtschreiben, beim Einprägen, beim Lernen

Seite 13 **Grammatik**

1.

	Singular			Plural
Kasus/ Genus (Fall/Geschlecht)	**maskulin** (männlich)	**feminin** (weiblich)	**neutral** (sächlich)	
Nominativ	der Schluss	die Mannschaft	das Geld	die Spieler
Genitiv	des Fußballers	der Sportart	des Geldes	der Fernsehsender

	Singular			Plural
Kasus/ Genus (Fall/Geschlecht)	**maskulin** (männlich)	**feminin** (weiblich)	**neutral** (sächlich)	
Dativ	dem Verein	der Mitte	dem Beispiel	den Spielern
Akkusativ	den Superstar	die Möglichkeit	das Gehalt	die Talente

3. die Fans des Helden, der Berufswunsch des Jungen, den Adressaten benennen, die Mannschaft des Favoriten, die Aussage des Zeugen, die Aufnahme des Fotografen

Seite 14 **Ausdruck und Wortschatz**

1. Mögliche Lösung:
1. Deshalb kann man nur zu dem Schluss kommen, dass es in Ordnung ist, wenn sie durch ein hohes Gehalt entschädigt werden.
2. Daraus ergibt sich, dass sie auch ein Weltklassegehalt verdienen müssen.
3. Also ist es gerechtfertigt, dass Fußballspieler zu Recht so viel verdienen.
4. Daher ist es richtig, dass Fußballspieler so viel verdienen

2. Mögliche Lösung:
1. Dieses Argument kann ich nicht akzeptieren. Das Privatleben vieler herausragender Persönlichkeiten ist immer auch betroffen, ohne dass man solche Gehälter bezahlt.
2. Für mich stellt sich das anders dar. Andere Leistungssportler, die auch Weltmeister und Olympiasieger sind, verdienen nicht solche utopischen Summen.
3. Dieser Meinung bin ich absolut nicht. Ziemlich oft müssen sich Arbeitnehmer mehrmals im Leben eine neue Arbeit suchen und vielleicht eine ganz neue Ausbildung erwerben. Dieses Risiko gibt es bei vielen Berufen.
4. Ich sehe das ganz anders: In anderen Berufen mit harter körperlicher Arbeit gibt es auch ein hohes Verletzungsrisiko. Dennoch verdienen die betreffenden Arbeitenden bei Weitem nicht so viel wie Fußballer.

Seite 15 **Umgang mit Texten**

1. Für Turbo-Abi: Denn wenn die Schüler ein Jahr früher ihren Abschluss machen, können sie auch früher auf die Uni gehen oder eine Ausbildung anfangen – und damit auch früher arbeiten und Geld verdienen. Und weil Menschen, die Geld verdienen, auch Steuern zahlen, hielten viele Politiker das für eine gute Sache.
Auch die Unternehmen waren von der Idee begeistert: Nun können sie ein Jahr früher mit dem frisch ausgebildeten Nachwuchs rechnen.
In fast allen Ländern Europas gehen die Schüler ebenfalls nur zwölf Jahre zur Schule. Auch in Sachsen ist das ganz normal. Wieso sollten Schüler in Bayern, Hamburg oder Nordrhein-Westfalen länger brauchen?
Gegen Turbo-Abi: Viele Kinder sind überfordert, klagen über zu viel Druck. Nach dem Unterricht haben sie keine Zeit mehr, um Fußball zu spielen, Gitarre zu üben oder sich einfach mal mit Freunden zu treffen.
Die Schulzeit wurde zwar kürzer – der Schulstoff aber nicht weniger. In den Abi-Prüfungen müssen Schüler genauso viel über Mathe, Deutsch und Englisch wissen wie früher. Das heißt: mehr Schulstunden pro Tag, mehr Stress.
Mittlerweile verbringen Kinder mit der Schule genauso viel Zeit wie Erwachsene mit ihrem Beruf: rund 38 Stunden in der Woche.

2. abhängig von Schülerbeiträgen

Bewährungsproben

Seite 16 **Rechtschreibung**

1. **Montag:** Am Montag früh, Am frühen Nachmittag, am Abend
Dienstag: Am nächsten Morgen, In der Nacht, nachts, morgens, am frühen Morgen, gegen Mittag, Später am Abend
Mittwoch: den Vormittag, Am Mittwochnachmittag, gegen Abend
Donnerstag: Am Donnerstagabend, abends, morgen
Freitag: in der Frühe

Seite 17 **Grammatik**

1. Florian und sein Freund Christian setzen sich von der Gruppe ab und fahren eine schwarze Piste. Florian stürzt auf einem vereisten Stück.

2.+3. Mögliche Lösung: (1) <u>Im Winter</u> (Temporalbestimmung) fährt er Ski oder Snowboard. (2) <u>Seit er in der Wilhelm-Busch-Schule ist</u> (Temporalbestimmung), spielt er auch noch Unihockey. (3) <u>Ein Leben ohne Sport</u> (Akkusativobjekt) kann er sich nicht vorstellen.
(4) <u>An den ersten drei Tagen</u> (Temporalbestimmung) war alles wie in einem Wintermärchen: weißer Pulverschnee und Sonnenschein. (5) <u>Aber dann</u> (Temporalbestimmung) kam der schwarze Dienstag. (6) <u>Bis Mittag</u> (Temporalbestimmung) fuhren alle gemeinsam. (7) <u>Gegen 13.30 Uhr</u> (Temporalbestimmung) wollten Florian und Christian eine schwarze Piste ausprobieren. (8) <u>Bei der Abfahrt nach St. Christoph</u> (Temporal-/Lokalbestimmung) kam Florian auf einem vereisten Teilstück ins Schlingern und stürzte.
(9) <u>Als Florian sein linkes Bein nicht mehr bewegen konnte und vor Schmerzen fast ohnmächtig wurde</u> (Temporalbestimmung), alarmierte Christian mit seinem Handy den Rettungsdienst.
(10) <u>Nach weiteren fünfzehn Minuten</u> (Temporalbestimmung) war Florian im Tal … (11) <u>In der Zwischenzeit</u> (Temporalbestimmung) hatte Christian Florians Mutter telefonisch erreicht und ihr vom Unfall ihres Sohnes erzählt.

Seite 18 **Ausdruck und Wortschatz**

1. gedroht → gewarnt; vertraute → traute; stützte sich ab → drückte sich ab, schob sich an, stieß sich ab; rasendes → rasantes, schnelles, hohes; verfolgte → folgte; er entfiel mir → ich verlor ihn; entdecken → sehen, erkennen; Sturz → Fall; gewellt → wellig, eventuell holprig; erschreckt → erschrocken; hatte sich … aufgehängt → war hängen geblieben

2. erschrecken: 1. erschrak, 2. erschrocken, 3. erschrickt, 4. Erschrecken; hängen, aufhängen, hängen bleiben: 1. aufgehängt, 2. gehangen. 3. hängen geblieben.

Seite 19 **Umgang mit Texten**

1. Mögliche Lösung:
Z. 1–3: Verdammt. Ich bin wirklich in Polen! Hätte es nicht Frankreich, Italien oder wenigstens Österreich sein können?
Z. 3–7: Aber nein, jetzt sitze ich in einem Kleinbus mit einer ganzen Horde schnatternder Mitschüler auf dem Weg nach Krakau, und das alles nur wegen der EU-Osterweiterung und unserer neuen Partnerschule.
Z. 10–12: „Na, das kann ja was werden!", denke ich mir so. Doch was hatte ich denn erwartet – ein Vier-Sterne-Hotel?
Z. 15–19: Okay, also hatte ich mich in diesem Punkt geirrt, aber ansonsten wird Polen bestimmt genauso sein, wie immer erzählt wird: heruntergekommen, kriminell, grau und nicht gerade sehr spannend …
Z. 33–38: … bin ich überrascht und unglaublich beeindruckt von der faszinierenden Architektur der Gebäude auf dem restaurierten Marktplatz.
Z. 40–41: … zu unserer Überraschung …
Z. 42–43: Ich muss schon sagen: Diese Reise wird immer besser.
Z. 54: leider
Z. 58–61: … jetzt fühle ich, dass meine Augen feucht werden, als ich den Menschen sehe, mit dem ich mich in den letzten beiden Tagen am besten verstanden habe – Jacek.
Z. 62: wird mir klar

2. Mögliche Lösung: Die Verfasserin war mit vielen Vorurteilen nach Polen gefahren. Sie hatte geglaubt, dass dort alles grau, dreckig und heruntergekommen aussehe, auch die Häuser und Straßen der Städte. Nun wird sie eines Besseren belehrt: Die Altstadt von Krakau ist wunderschön restauriert, was sie zutiefst beeindruckt. Besser kann ein historisches Stadtzentrum gar nicht aussehen. Fast einen „Schock" bekommt sie wegen des überraschenden Kontrastes zwischen ihren Erwartungen und der faszinierenden Realität. Lehrreich, weil sie daraus die Lehre zieht, dass man sich niemals von Vorurteilen leiten lassen soll.

Verkehrte Welt

Seite 20 **Rechtschreibung**

2. kurz, *Fluss*, *Fass*, lang, scharfen, *Fuß*, *außen*, *heiß*

3. muss, Geißlein, dass, müssen, fraß, ließ, draußen, gefressen

4.

lassen	er lässt	er ließ	gelassen
fressen	er frisst	er fraß	gefressen
essen	er isst	er aß	gegessen
müssen	er muss	er musste	gemusst

Seite 21 **Grammatik**

1.+2. 1. c), 2. b), 3. c), 4. c), 5. b), 6. a), 7. c)

Seite 22 **Ausdruck und Wortschatz**

1.+2. 1. b), 2. c), 3. b), 4. b), 5. b), 6. b), 7. b), 8. a)

Seite 23 **Umgang mit Texten**

1. Grundsätze, die in dieser Inhaltsangabe verletzt werden:
   - Tempus: In der Regel muss das Präsens verwendet werden. Das Präteritum, das hier am Anfang verwendet wird, ist nicht zulässig. (Z. 3 f.: „Es war einmal eine alte Geiß, die hatte sieben junge Geißlein, die hatte sie sehr lieb. Eines Tages wollte sie in den Wald gehen und Futter holen. Da rief sie alle sieben herbei und sprach …")
   - Fremde Rede muss als indirekte, nicht als direkte Rede, wiedergegeben werden. (Z. 5 f.: „Liebe Kinder, ich will hinaus in den Wald, nehmt euch in Acht vor dem Wolf. Lasst ihn auf keinen Fall herein." Z. 15 f.: „Macht auf, Kinder, euer liebes Mütterchen ist heimgekommen und hat jedem von euch etwas mitgebracht!")
   - Erst am Ende werden Informationen über Autor, Textsorte, Fundort gegeben, die an den Anfang einer Inhaltsangabe gehören. (Z. 30 ff.: „Der Wolf und die sieben jungen Geißlein" ist ein bekanntes Tiermärchen. Es steht in den Kinder- und Hausmärchen der Brüder Grimm.")
   - Alle über den Inhalt hinausgehenden Meinungsäußerungen, hier im letzten Satz, gehören nicht in eine Inhaltsangabe. (Z. 33 ff.: „Alle Eltern sollten es ihren Kindern vorlesen. Es gehört zum deutschen Kulturgut. Meiner Meinung nach gehört es auch zur Allgemeinbildung.")

2. Mögliche Lösung: „Der Wolf und die sieben jungen Geißlein" ist ein bekanntes Tiermärchen. Es steht in den Kinder- und Hausmärchen der Brüder Grimm.
Eine alte Geiß hat sieben junge Geißlein, die sie sehr liebt. Eines Tages will sie in den Wald gehen und Futter holen. Da ruft sie ihre Kinder herbei und warnt, in ihrer Abwesenheit auf keinen Fall den Wolf hereinzulassen. Kurz nachdem sie gegangen ist, kommt der Wolf vorbei, klopft, sagt, er sei ihre Mutter und bittet, dass die Geißlein die Tür öffnen. Die Geißlein erkennen ihn jedoch an seiner Stimme und lassen ihn nicht herein. Daraufhin

geht der Wolf zum Krämer, kauft Kreide und frisst sie, um damit seine Stimme zarter zu machen. Nun kehrt er zum Haus der Geißlein zurück. Da der Wolf allerdings seine schwarze Pfote auf das Fensterbrett legt, erkennen die Geißlein den Betrugsversuch und lassen ihn nicht herein. Für den dritten Versuch lässt sich der Wolf vom Bäcker Teig auf den Fuß streichen und zwingt danach den Müller, diesen mit Mehl zu bestäuben. Nun geht der Bösewicht zum dritten Mal an die Haustür, klopft an und bittet mit verstellter Stimme um Einlass. Und diesmal gelingt es ihm, die Geißlein zu täuschen, und sie öffnen die Tür. Der Wolf stürmt hinein und frisst sechs der sieben Geißlein, das jüngste kann sich in der Standuhr verstecken. Als die Geißenmutter nach Hause kommt, springt das Geißlein aus seinem Versteck und berichtet vom Wolf und den gefressenen Geschwistern. Der Wolf liegt noch auf der Wiese vor dem Haus und schläft. Mutter Geiß eilt ins Haus und holt ihr Nähzeug. Sie schneidet den Bauch des Wolfes auf und alle sechs Geißlein springen heraus. Die Mutter beauftragt ihre Kinder, Steine zu sammeln, die sie in den Bauch des Wolfs einnäht. Als der Wolf wieder aufwacht, ist er durstig und geht zum Trinken an den Brunnen. Als er sich über den Rand lehnt, ziehen ihn die Steine hinein und er ertrinkt.

Grenzen überschreiten

Seite 24 **Rechtschreibung**

1. setzte, kurz, trotzig, Schnitzel, Pilzen, ganz, Herz, ergänzte, Münze, Platz, Scherz, schmunzelnd, Schlitzohr, Vierundzwanzigkreuzerstück, Erzfeinde, gewitzte, Holztüre, stolz, jetzt, zuletzt, Nutzen

Seite 25 **Grammatik**

1. 1. die Apotheke, 2. langen Jahren, 3. einem entlegenen Hof, 4. einem Wagen und zwei Stieren, 5. der Stadtapotheke, 6. Eurer Stubentür, 7. seiner kranken Frau, 8. dem ganzen Haus, 9. die Stubentüre

2. abhängig von Schülerbeiträgen

Seite 26 **Ausdruck und Wortschatz**

1. Mögliche Lösung: Seltsamer Spazierritt
Ein Vater ritt auf seinem Esel nach Haus, während sein Sohn nebenher ging. Da kam ein Wanderer und sagte: „Guter Mann, das ist doch nicht recht, dass du reitest, dein Sohn jedoch nebenher gehen muss. Er hat viel schwächere Beine als du." Gleich stieg der Vater vom Esel herunter und ließ den Sohn reiten. Nach kurzer Zeit kam erneut ein Wanderer und wandte sich an den Sohn: „He, Bursche, das ist eine Schande, dass du reitest, während dein alter Vater gehen muss!" Daraufhin setzte sich der Vater mit auf den Esel und nun ritten beide. Es dauerte aber nicht lange, bis ihnen ein dritter Wanderer entgegenkam und entsetzt rief: „Es ist doch nicht zu fassen, zu zweit auf einem kleinen Esel! Schämt euch!" Sofort stiegen beide ab und gingen rechts und links neben dem Esel her. Bald darauf kam schließlich ein vierter Wandersmann und spottete: „Wie dumm! Da habt ihr einen Lastesel, und keiner reitet darauf!" Schließlich banden beide dem Esel die vorderen und hinteren Beine zusammen, zogen einen Baumpfahl durch und trugen das Tier auf den Schultern nach Haus.
Die Lehre: Will man es allen Leuten recht machen, kommt man meist selbst zu Schaden.

Seite 27 **Umgang mit Texten**

1.–3. Mögliche Lösung: Texte weisen Merkmale der Textsorte Anekdote auf:
- kurze Geschichte, die historische Persönlichkeit in einer bestimmten Situation mit bestimmten Eigenschaften zeigt
- endet mit einer Pointe; Persönlichkeit verhält sich überraschend und äußert sich schlagfertig

Reisen durch Raum und Zeit

Seite 28 **Rechtschreibung**

1. 1. Kameraführung, 2. Einstellung, 3. Totale, 4. Montage, 5. Aufsicht, 6. Normalsicht, 7. Parallelmontage, 8. Untersicht, 9. Halbnah, 10. Detail; Lösungswort: Filmfreund

2. **aus dem Französischen:** Detail, Montage, Regie
aus dem Englischen: Action, Clip, Story, Zoom
aus dem Griechischen/Lateinischen: authentisch, Effekt, fiktiv, Manuskript, parallel, Perspektive, Sequenz, Szene, virtuell

3. Mögliche Lösung:
Detail: detailliert, detailgetreu, detaillieren
Montage: Parallelmontage, montieren, Monteur
parallel: Parallele, Parallelfall, Parallelität
Perspektive: perspektivisch, Erzählperspektive
Regie: Regisseur, Bildregie, Regieassistent
Szene: Szenarium, szenisch

Seite 29 **Grammatik**

1. Bereits das Intro mit Filmausschnitten, die auf verblüffende Weise nahtlos in das Spielgeschehen übergehen, wird dich sofort begeistern.
Zunächst solltest du auf einem Trainingslevel üben, bei dem du dich im Kampf gegen die Schergen des bösen Zauberers Sauron mit den grundlegenden Kampftechniken vertraut machen kannst.
Die 16 Levels, die mit der Oscar-prämierten Filmmusik unterlegt sind, zeichnen sich durch taktische Kämpfe realistische Animationen sowie tolle Grafikeffekte aus.
Insgesamt wirkt das Computerspiel aufgrund seiner aufwendigen und wohl einmaligen Machart eher wie ein Film, in den man interaktiv eingreifen und den man verändern kann.
Allerdings benötigst du eine Grafikkarte, die sehr leistungsfähig ist!

2. Er kauft ein Sachbuch, das detaillierte Informationen über den neuen Film enthält. 3. Ich war von der Filmmusik, die mit einem Oscar prämiert wurde, beeindruckt. 4. Man beurteilt den Film, in dem zwei Handlungssträngen verknüpft sind, positiv. 5. Lies den Text, in dem die Filmtechnik detailliert beschrieben wird.

Seite 30 Ausdruck und Wortschatz

1. 1. Technik, Örtlichkeit; 2. Botschaft, 3. Schauplätze, Wesen; 4. Effekten, Geschichte, Charaktere; 5. Technik, Botschaft; 6. Format, 7. Räumlichkeit, Pflanzen und Tiere, Wirkung

2. **Film:** großartig, eindrucksvoll, beeindruckend, unterhaltsam, interessant, sehenswert
Technik: meisterhaft, bahnbrechend, revolutionär, spektakulär, perfekt, epochal
Geschichte/Story: plump, flach, naiv, ergreifend, mitreißend, schwach, langweilig
Charaktere: stimmig, klischeehaft, detailgenau, überzeugend, lebendig, natürlich wirkend
Schauplätze: computergeneriert, plastisch, atemberaubend, märchenhaft, liebevoll aufgenommen, realistisch
Botschaft: überzeugend, simpel, schwach, eindringlich, aufrüttelnd, anspruchsvoll

Seite 31 Umgang mit Texten

1. Der Text weist folgende Merkmale einer Reportage auf: Es ist ein Erlebnisbericht, der auch in einer Zeitung/Zeitschrift erscheinen könnte (journalistischer Text). Der Text beschränkt sich nicht auf die sachliche Berichterstattung; der Schreiber schildert Eindrücke („Das sieht gefährlich aus.", Z. 3), Gedanken („… dafür muss man lange trainieren.", Z. 21 f. „… ist also mühsame Arbeit …", Z. 25 f.), Stimmungen („Der Trainer schaut in die Runde, ‚na – wer traut sich?' Michelle strahlt, reißt den Arm hoch: ‚Ich!'", S. 41 ff.). Es entsteht beim Leser der Eindruck, live vor Ort zu sein.

2. Die 13-jährige Aylin wird in Flammen gesetzt. – Die Kinder studieren einen Kinnhaken ein. – Lara übt das „Sich-erschießen-Lassen. – Assistent Fabian demonstriert den „Sprung übers Auto".

Lebenswelten

Seite 32 Rechtschreibung

1. Erinnerung an das uralte Märchen von der Lore-Ley, traurige Grundstimmung, weil Märchen traurig ist; Märchen erzählt, dass einst auf einem Felsen am Rhein ein wunderschönes Mädchen gesessen habe, das durch seine Schönheit und seinen Gesang einen vorbeifahrenden Schiffer so fasziniert habe, dass der die Felsenriffe übersehen und mit Kahn gesunken sei.

2. 1. Strophe: weiß, was soll es / Dass, so / aus / Das, aus, Sinn
2. Strophe: ist, es / fließt / des Berges / Abendsonnenschein
3. Strophe: schönste, sitzet / goldnes / goldenes
4. Strophe: Sie, es / singt / Das, wundersame
5. Strophe: es / Felsenriffe
6. Strophe: das, Singen

4. Kreise, Gläser, Gräser, Beweise, Lose

Seite 33 Grammatik

1. In diesem Gedicht erinnert sich der Erzähler an das Märchen von der Lore-Ley: „Ich weiß nicht, was soll es bedeuten, dass (K) ich so traurig bin."
„Ein Märchen aus alten Zeiten, das (P) kommt mir nicht aus dem Sinn."
Das (A) Märchen erzählt, dass (K) einst auf einem Felsen am Rhein ein Mädchen gesessen habe, das (P) durch seine Schönheit und seinen Gesang die vorbeifahrenden Schiffer in den Tod lockte.

2. Mögliche Lösung:
1. Ich weiß, dass es fast zu spät ist.
2. Er glaubt, dass sie morgen kommt.
3. Ich denke, dass es stimmt.
4. Ich verspreche, dass ich es heute erledige.
5. Ich wünsche, dass es bald vorbei ist.
6. Es ist klar, dass er nicht fehlen kann.
7. Es ist schade, dass es nicht geklappt hat.
8. Es stimmt, dass ich nicht da war.
9. Es ist falsch, dass er geholfen hat.
10. Es ist wichtig, dass wir dabei sind.

3. 1. das, 2. dass, 3. dass, 4. dass, 5. Das, 6. dass

Seite 34 Ausdruck und Wortschatz

1. Mögliche Lösung: Die Ballade wurde 1824 von Heinrich Heine geschrieben. Sie erzählt von der schönen Jungfrau Lore-Ley. Mit ihrer Schönheit und ihrem betörenden Gesang treibt diese Rheinschiffer ins Verderben.
Das lyrische Ich erinnert sich an ein trauriges Märchen: In ihm saß die Schöne auf einem Felsen am Rheinufer und kämmte sich ihr goldenes Haar. Mit ihrem Wohlgesang zog sie einen vorbeifahrenden Schiffer an. Wie verzaubert vergaß er, den Kurs zu halten, sodass sein Boot an dem Felsenriff im Fahrwasser zerschellte und mit dem Schiffer unterging.
Die Ballade gefällt mir sehr: Der Dichter vermag es, mit einfacher Sprache und in nur sechs Strophen eine romantische und zugleich düstere Grundstimmung zu erzeugen. Er verknüpft die Macht des Wortes mit der Naturbeschreibung. Die Wortwahl des lyrischen Ichs lässt möglicherweise darauf schließen, dass in der Ballade die Legende um die Lore-Ley mit der eigenen Erfahrung einer unerfüllten Liebe des lyrischen Ichs verquickt wird.

2. 1. Die Ballade handelt von einer Jungfrau. Sie betört einen Schiffer so, dass dieser ertrinkt.
2. Die Ballade ist so verständlich geschrieben ist, dass sie jeder versteht. Das gefällt mir.
3. Das lyrische Ich erinnert sich, dass der Kahn des Schiffers direkt auf einen Felsen fährt, zerschellt und versinkt.

Seite 35 **Umgang mit Texten**

1. Vorrangiges Gefühl ist die Trauer, die in diesem Gedicht zum Ausdruck kommt: Der Clown ist müde und alt, er wird bald seinen letzten Auftritt haben, doch die Zuschauer merken von all der Verzweiflung nichts. Sie lachen noch über seine vermeintlichen Späße, als er „mit seinem letzten Atem ringt" (Z. 54).

Familienbande

Seite 36 **Rechtschreibung**

1. **Anna:** enttäuscht, endlos, endlich;
Karl: widerspreche, entschieden, entlarvt;
Lukas: widerstrebt, entspricht;
Jule: enthalte, wieder, entschlossen, zuwider
Pit: entsetzlich, wieder, Endeffekt

2. ***End/end:*** Endphase, Enddreißiger, Endverbraucher, endlich, unendlich
Ent/ent: Entzündung Enthaltung, Entfernung, Entfaltung, enttäuschen, entsagen, entflammen, entsetzlich, entgegnen, entfesseln, entdecken, entschädigen, entmutigen, entsprechend
Wieder-/wieder-: Wiederkehr, Wiedersehen, Wiederholung, wiedergeben, wiederbringen, wiederkommen
Wider-/wider-: Widerstand, Widerspruch, Widerworte, widerspenstig, widerrufen, widersetzen, zuwider, widersprechen, erwidern, widerrechtlich, wider Erwarten, widerhallen

Seite 37 **Grammatik**

1. „Mein Sohn", sagte die erste, „ist so geschickt, dass er alle hinter sich lässt ..." (Z. 5 f.)
„Mein Sohn", sagte die zweite, „singt so schön wie eine Nachtigall! Es gibt keinen, der eine so schöne Stimme hat wie er ..." (Z. 7 ff.)
„Und warum lobst du deinen Sohn nicht?", fragten sie die dritte, als sie schwieg. (Z. 10 f.)
„Er hat nichts, was ich loben könnte", entgegnete sie.
„Mein Sohn ist nur ein gewöhnlicher Knabe, er hat nichts Besonderes an sich und in sich ..." (Z. 12 ff.)
Die Frauen riefen: „Welch ein geschickter Junge!" (Z. 26 f.)
Da fragten die Frauen den alten Mann: „Was sagst du zu unseren Söhnen?" (Z. 33 f.)
„Wo sind eure Söhne?", fragte der alte Mann verwundert. „Ich sehe nur einen einzigen Sohn!" (Z. 35 f.)

2. Mögliche Lösung:

Wörtliche Rede		Beispiel
„Aussagesatz",	Redebegleitsatz.	„Er hat nichts, was ich loben könnte", entgegnete sie.
„Fragesatz?",	Redebegleitsatz.	„Und warum lobst du deinen Sohn nicht?", fragten sie.
„Aufforderungssatz!",	Redebegleitsatz.	„Welch ein geschickter Junge!", riefen sie.

Seite 38/39 **Ausdruck und Wortschatz/ Umgang mit Texten**

1.–3. Mögliche Lösungen:
LEON: *(selbstbewusst)* Ab nächste Woche lass ich mir nichts mehr vorschreiben!
MUTTER: *(gelassen, blättert in dem Heft)* Mm.
LEON: *(nachdrücklich)* Dann komme ich so spät nach Hause, wie es mir passt!
MUTTER: *(unbeeindruckt, blättert weiter)* Mm.
LEON: *(lauter)* Mit 18 kann ich endlich meine eigenen Entscheidungen treffen!
MUTTER: *(ruhig)* Sicher!
LEON: *(provozierend)* Und wenn ich nachts jobben will, dann werde ich auch das tun! Ich kann schließlich selbst beurteilen, wie viel Schlaf ich brauche!
MUTTER: *(desinteressiert, blättert weiter)* Mm.
LEON: *(drohend, stützt jetzt die Hände auf der Tischplatte auf und kommt näher an die Mutter heran)* Mit 18 lass ich mich nicht mehr so bevormunden!
MUTTER: *(sachlich)* Nein, nein.
LEON: *(bissig)* Ich meine das ernst!
MUTTER: *(unaufgeregt)* Sicher.
LEON: *(gereizt)* Ich kann dann auch alle Verträge allein unterschreiben.
MUTTER: *(kühl)* Mm.
LEON: *(triumphierend)* Eigentlich könnte ich auch bald ausziehen und mir eine eigene Wohnung mieten.
MUTTER: *(verschmitzt)* Ja.
LEON: *(herausfordernd)* Dann kannst du mir auch nicht mehr vorwerfen, dass du Jahren nur für mich so viel arbeitest!
MUTTER: *(selbstbewusst, nimmt den Stift und umkreist etwas in ihrem Heft)* Gut.
LEON: *(verärgert, vorwurfsvoll)* Ich glaube, du hörst mir gar nicht zu! Was tust du überhaupt die ganze Zeit? *(zeigt auf das Heft)*
MUTTER: *(grinsend, schlägt schwungvoll das Heft zu, beugt sich nah an sein Gesicht heran und schaut ihm in die Augen)* Ich habe mir schon einmal ein paar interessante Volkshochschulkurse herausgesucht. ...

Macht Werbung!

Seite 40 **Rechtschreibung**

1. 2. ... zum raschen Einschlafen! 3. ... für erfolgreiches Lernen! 4. ... zum Glücklichsein! 5. ... zum Geldsparen! 6. ... zum Wohlfühlen! 7. ... zum mühelosen Fensterputzen! 8. ... zum geräuschlosen Rasenmähen!

2. 1. Naselaufen, 2. Verkalkung, 3. Magendrücken, 4. Wadenkrampf, besten, wenig, viel, 5. Verstopfung, 6. Kochen, 7. Beste

Seite 41 Grammatik

1. 2. Ein Schuh wofür? 2. Ein Material wozu? 3. Ein Magazin womit? 4. Ein Buch worüber? 5. Ein Schaumbad wogegen?

2. 2. Wovon kaufte der Mann drei große Packungen? 3. Wonach schnappte er? 4. Bis wohin schäumte der Schaum? 5. Wobei verschluckte er sich? 6. Woran verschluckte er sich? 7. Woraus quoll die Schaumwolke? 8. Worin hing der Mann?

Seite 42 Ausdruck und Wortschatz

1. Mögliche Lösung: 2. Reklame für Lampen aller Art. Sprichwort: Wo viel Licht ist, ist auch viel Schatten. 3. Reklame für ein Fitnessstudio. Sprichwort: Der Appetit kommt beim Essen! 4. Reklame für Damenkonfektion. Sprichwort: Kleider machen Leute. 5. Reklame für Hörgeräte. Sprichwort: Wer nicht hören kann/will, muss fühlen.

2. Die dümmsten Bauern ernten die größten Kartoffeln.

Seite 43 Umgang mit Texten

1. Mögliche Lösung: Karen Heumann, eine erfolgreiche Unternehmerin in der Werbebranche, erzählt im Interview, wie gute Werbung funktioniert: Werbung muss v.a. glaubwürdig sein. Werbung richte sich häufig auch an Kinder, weil diese heute nicht wenig Geld zum Kaufen zur Verfügung hätten und die Kunden der Zukunft seien. Manchmal, so erzählt Karen Heumann, werde in der Werbung auch geschwindelt, aber richtig lügen dürfe Werbung nicht. Für Waffen würde sie nicht werben. Es sei sehr harte Arbeit, gute Werbesprüche zu kreieren.

Aufgetischt

Seite 44 Rechtschreibung

1. Essen und Trinken im Mittelalter – wirklich lecker?
Abschnitt 1: gedeckten Tafel, aufgestützt, schneuzen, spucken, zurücklegen, verletzen, Volks
Abschnitt 2: dicker, einzige, Gewürze
Abschnitt 3: Geschmack, stark gewürzt, Eigengeschmack, Stück, schmeckten, salzig, Gewürze, bewirkten
Abschnitt 4: herzhafter, verkleckert, einzigen, Werkzeug
Abschnitt 5: tiefschwarz, Schwarzbrots, Schweineschmalz, Ganz, Bärentatze, Backwerk, Zuckerbäckereien, Holz, gestützt.

Seite 45 Grammatik

1. 1. e), 2. c), 3. b), 4.d), 5. a)

2.+3. Mögliche Lösung: 2. Ein **Wiener** ist ein dünnes **Brühwürstchen** aus Rind- und Schweinefleisch. Es wird oft mit Senf gegessen. 3. Ein **Hamburger** ist ein **Fertiggericht**, das aus einem Softbrötchen, dem Bun, besteht, mit verschiedenen Belägen versehen ist und als warmes Schnellgericht angeboten wird. 4. Ein **Amerikaner** ist ein **Gebäckstück**, der mit dem Triebmittel Ammoniumhydrogencarbonat gebacken und an der Unterseite mit einer dicken Zuckerglasur versehen wird. 5. Ein **Edamer** ist ein etwa sechs bis acht Monate gereifter **Käse**, der – nach seinem Herkunftsort benannt – schnittfest ist und in eine rote Hülle eingepackt wird.

Seite 46 Ausdruck und Wortschatz

1.+2. Mögliche Lösung: Wiener Würstchen werden aus Schweine- und Rindfleisch hergestellt. Im Gegensatz dazu bestehen Frankfurter Würstchen nur aus Schweinefleisch. Die Frankfurter Würstchen sind die Vorgänger der Wiener Würstchen; ihr Rezept ist schon seit dem 13. Jahrhundert bekannt: Die Wiener Würstchen wurden viel später erfunden. Nachdem Johann Georg Lahner seine Ausbildung zum Metzger im Frankfurter „Worschtviertel" absolviert hatte, zog er nach Wien und eröffnete dort eine Metzgerei. Der experimentierfreudige Metzger fügte dem traditionellen Frankfurter Würstchen noch zu gleichen Teilen Rindfleisch hinzu, denn anders als in Deutschland, wo es eine strenge Trennung zwischen Schweine- und Rindermetzgern gab, war das in Österreich erlaubt. Ab 1805 verkaufte er seine Wiener Variante in seiner Metzgerei als „Frankfurter".
Aufgrund des herkunftsgeschützten Namens des Frankfurter Würstchens wird die Erfindung Lahners in Deutschland jedoch nicht als Frankfurter, sondern als Wiener Würstchen verkauft.
In Österreich hingegen solltest du, wenn du eine Wiener möchtest, kein Wiener, sondern ein Frankfurter Würstchen bestellen, denn sonst erhältst du anders als erwartet, eine Art Aufschnitt-Wurst, die nur schwerlich in den dazugehörigen Senf getaucht werden kann.

Seite 47 Umgang mit Texten

1.+2. 1. Das Wasser nicht reichen können → nicht ebenbürtig sein
2. Den Brotkorb höher hängen → knapper halten, strenger sein
3. Da brat mir einen Storch! → Da bin ich aber sehr erstaunt!
4. Den Löffel abgeben → sterben

Wasserwelten

Seite 48 Rechtschreibung

1. 1. Nehmen wir an, es würde sich um ein Wesen handeln, das im Meer lebt. Dann müsste es ein Wal sein. Es würde mich nicht wundern, wenn es ein Narwal wäre. 2. Wir dürften es mit einer schwimmenden Insel zu tun haben. 3. Es könnte ein unterseeisches buntes Fahrzeug sein. Wir hätten es dann mit einem Schiff zu tun, das unter Wasser ginge und manchmal an die Oberfläche erschiene. 4. In Frage käme auch ein enormes Schiffswrack. 5. Ich wüsste gerne, wie es genau aussieht. Es sollte mich nicht wundern, wenn es ein monströses Seeungeheuer aus der Urzeit ist. Ein wahres Wunder!

2.

Konjunktiv	Infinitiv	Präteritum Indikativ
würde	werden	wurde
müsste	müssen	musste
wäre	sein	war
dürften	dürfen	durfte
könnte	können	konnte
hätten	haben	hatte
ginge	gehen	ging
erschiene	erscheinen	erschien
käme	kommen	kam
wüsste	wissen	wusste
sollte	sollen	sollte

2. 2. sie weiß (I) – sie wüsste (K), 3. wir tränken (K) – wir trinken (I), 4. sie sängen (K) – sie singen (I), 5. ihr ständet (K) – ihr steht (I), 6. wir sehen (I) – wir sähen (K), 7. sie brächte (K) – sie bringt (I), 8. ich lasse (I) – ich ließe (K), 9. es geschieht (I) – es geschähe (K), 10. wir sprächen (K) – wir sprechen (I)

Ergänzung der Tabelle:

Konjunktiv	Infinitiv	Präteritum Indikativ
äße	essen	aß
wüsste	wissen	wusste
tränken	trinken	tranken
sängen	singen	sangen
ständet	stehen	standen
sähen	sehen	sahen
brächte	bringen	brachte
ließe	lassen	ließ
geschähe	geschehen	geschah
sprächen	sprechen	sprachen

Seite 49 Grammatik

1. Was wäre, wenn ein Mensch ein Fahrzeug entwickeln würde, mit dem man bis auf den Grund des Meeres tauchen könnte? Was fände er in der Tiefe des Meeres vor? Welche Gefahren würden in der Tiefe lauern? Diesen Fragen geht Jules Verne in seinem Roman „Zwanzigtausend Meilen unter dem Meer" (1870) nach, in dem er seinen Protagonisten Professor Aronnax auf eine fantastische Reise im Unterseeboot des Aussteigers und Menschenhassers Nemo schickt.

2. Im Gegensatz zur direkten Rede stehen die Verben in der indirekten Rede im **Konjunktiv I.**

Personalpronomen/Verbformen: Statt der ersten Person wird die dritte Person verwendet.

3. Jules Verne schrieb, er habe lediglich eine Fiktion aus dem entwickelt, was in der Folge zur Tatsache werden sollte. So sei seine Absicht mit diesem Verfahren auch nicht das Prophetisieren gewesen; er habe geografisches Wissen unter der Jugend verbreiten wollen.
Oder:
Jules Verne schrieb, dass er lediglich eine Fiktion aus dem entwickelt habe, was in der Folge zur Tatsache werden sollte. Er bemerkte, dass seine Absicht mit diesem Verfahren auch nicht das Prophetisieren gewesen sei; dass er geografisches Wissen unter der Jugend habe verbreiten wollen.
Emile Zola schrieb, Jules Verne bringe die Wissenschaft auf die Bühne. Das Genre wolle er nicht diskutieren. Es scheine ihm alles Wissen der Kinder zu verderben. Allein sei er gezwungen, den Erfolg zur Kenntnis zu nehmen.
Oder:
Emile Zola schrieb, dass Jules Verne die Wissenschaft auf die Bühne bringe. Er bemerkte, dass er das Genre nicht diskutieren wolle. Es scheine ihm, dass es alles Wissen der Kinder verderbe. Allein sei er gezwungen, den Erfolg zur Kenntnis zu nehmen.

Seite 50 Ausdruck und Wortschatz

1.+2. Einige Zeitgenossen warfen ihm vor, dass er lediglich Abenteuerromane für Jugendliche ~~schreibt~~ → schreibe und es ihm nur um den Erfolg beim Publikum ~~geht~~ → gehe.

In Biografien über Jules Verne kann man oft lesen, dass er der Vater der Sciencefiction ~~ist~~ → sei.

Literaturwissenschaftler meinen, dass Jules Verne der erste Autor gewesen ~~ist~~ → sei, der Romane dieser Art verfasst ~~hat~~ → habe, weswegen er auch immer einen festen Platz in der Weltliteratur einnehmen ~~wird~~ → werde.

Seite 51 Umgang mit Texten

1.+2. Mögliche Beispiellösungen:
1. In seinem erstmals 1870 erschienenen Roman nimmt Verne die technische Entwicklung des Unterseeboots vorweg und entwickelt eine abenteuerliche Geschichte um eine gefährliche Expedition ins Ungewisse. Die Jagd nach einem vermeintlichen „Meeresungeheuer" beginnt.
2. Der Abenteuerroman „20000 Meilen unter dem Meer" handelt von einem U-Boot-Kapitän, dessen Gerechtigkeitsempfinden offenbar verletzt wurde, der jetzt seine Fähigkeiten dazu benutzt, um sich hasserfüllt zu rächen. Jules Verne verbindet die packende Schilderung der von Professor Arronax erzählten fantastischen Abenteuer mit spannenden Beschreibungen der Unterwasserwelt. Eindrucksvoll ist auch seine Vision von einem U-Boot, wie es in dieser Größe und Ausstattung erst nach der Jahrhundertwende konstruiert werden konnte.

3. Mit Prof. Aronnax schuf Jules Verne (1828–1905) den Verfasser eines abenteuerlichen Berichts. Professor Aronnax berichtet darin über rätselhafte Geschehnisse in den Meeren – so ist von einem Seeungeheuer die Rede, das mehrere Schiffe zum Kentern gebracht haben soll. Der Professor macht sich nun im Auftrag der US-Regierung auf die Suche nach dem Auslöser der unerklärlichen Schiffsunglücke. Mit seinem Diener Conseil und dem kanadischen Walfänger Land als Begleiter sticht er auf der „Abraham Lincoln" in See. Nach einiger Zeit stoßen sie auf ein verdächtiges Objekt, das jedoch nicht, wie von Aronnax vermutet, ein Narwal ist, sondern sich als ein Unterseeboot entpuppt. Ihr Schiff wird von dem U-Boot versenkt, und der Kapitän des U-Bootes, Nemo, nimmt die drei Schiffbrüchigen auf. Er führt sie durch das „Nautilus" genannte U-Boot, wo sie viel über die technischen Daten des U-Bootes erfahren. Auf der „Nautilus" erleben die drei spannende Abenteuer, die J. Verne äußerst packend schildert.
(Nach: http://www.buchhexe.com/buch/20000-meilen-unter-den-meeren, 29.08.2014)

Dem Täter auf der Spur

Seite 52 **Rechtschreibung**

1. Auf dem Video, das Roderich Stüber und Carla Carol angeblich am Vormittag im Stahlwerk aufgenommen haben, war Stüber mit nur zentimeterkurzen Haaren zu sehen. Doch Stüber hatte im Augenblick eine Lockenfrisur – das hatte der Kommissar noch gesehen, als Stüber ihm öffnete, ehe er sich schnell die Basecap aufsetzte.

2. ***h* vor *l*:** Gefühl, zerwühlt, Stühle, gestohlen, erzählte, Stahlwerk, strahlte, Stahlwerk, Stahlwerks, Stahlträgern, wohl
***h* vor *m*:** angenehmen, Aufnahmen, Berühmtheit, vornehm, Aufnahmen
***h* vor *n*:** Bahnhof, lehnte, ohne, Ihnen, zehn
***h* vor *r*:** mehr, aufbewahrt, ausführlich, während, ihrer, ihrem, führen, sehr, wahrscheinlich, Uhr, hinausgefahren, zurückkehrten, wahr
***h* kann durch Ableiten hörbar gemacht werden:** geschah → geschehen, gedreht → drehen, (Höhe), sah → sehen, sah → sehen, (Fernseher), gedreht → drehen

Seite 53 **Grammatik**

1. Marc und seine Eltern arbeiteten angeblich als Tierschützer in Kenia, Afrika. Marc versichert Stefan, dass man im Nairobi-Nationalpark alle möglichen Tiere sehen könne – sogar Tiger. Aber in Afrika gibt es keine Tiger. Die gibt es nur in Asien. Auch weiß der nicht, dass der Kilimandscharo in Tansania liegt.

2. Stefan … sortierte alle Schulsachen aus, weil diese nun nicht mehr gebraucht werden.
Den hatten Bettys Eltern auch noch zum Essen eingeladen, nachdem Betty so von ihm geschwärmt hatte.
Betty hatte Marc vor ein paar Tagen kennen gelernt, als sie Chatpartner im Internet gesucht hatte.
„Marc ist auf der Durchreise; er kommt aus Afrika", sagte Betty zu Stefan, „wo er mit seinen Eltern für eine Tierschutzorganisation arbeitet. …"
„Im Moment sind wir für ein paar Tage in Deutschland, weil mein Vater hier mit verschiedenen Geldgebern sprechen muss. …
Obwohl es grandios in Deutschland ist, kann ich es kaum erwarten, wieder nach Afrika zu kommen", sagte er.
„Afrika, Nairobi, Kilimandscharo", sagte er […], indem er sich zurücklehnte und gelassen in die Sonne schaute.
… „wenn du was mit Tierschutz zu tun hast, dann kennst du doch bestimmt auch den Nairobi-Nationalpark südlich der Stadt."
Es dauerte eine Weile, bis Betty hinter ihm herkam.
„Das habe ich schon gemerkt, als ich ihn im Chat getroffen habe."
Als Stefan seine Mutter auf der Terrasse sitzen sah, hatte sich deren Gesicht verfinstert.
Angeblich hat er nicht genug Geld mitgenommen, als er mit dem Zug herkam.
Er verspricht, dass sein Vater uns das Geld sofort überweist, wenn er wieder daheim ist.

Seite 54 **Ausdruck und Wortschatz**

1. Der Tom Schuessler auf dem zehn Jahre alten Foto der Hochsprung AG war genauso groß wie Herr Weber, denn auf dem Foto sah er gemeinsam mit Weber über die aufgelegte Hochsprunglatte. Doch der Mann mit der Glatze auf dem Klassentreffen, der behauptete, Tom Schuessler zu sein, war mehr als einen Kopf kleiner als Herr Weber – das war deutlich zu erkennen, als der Zeitungsfotograf die beiden nebeneinander stellte. Nun kann man zwar innerhalb von zehn Jahren eine Glatze bekommen – aber gewiss nicht um fast 20 Zentimeter kleiner werden.

2. 1. engagieren, 2. organisiere, 3. faszinieren, 4. amüsierten sich, 5. präsentierte, 6. arrangierte, 7. studierte

Seite 55 **Umgang mit Texten**

1. Das Tiefkühlhähnchen war mit einer Eisschicht bedeckt; es musste also direkt aus der Tiefkühltruhe stammen. Hätte es Tenner schon vor Stunden gekauft, hätte es schon zum großen Teil aufgetaut sein müssen.

2. Mögliche Lösung: Die Filialleiterin in einem Supermarkt wendet sich um Hilfe an einen Detektiv. Sie vermutet, dass ein Kunde sie permanent bestiehlt, ohne dass sie den Betrug beweisen kann. Sie glaubt, so erzählt sie dem Detektiv, dass der betreffende Kunde morgens seine Waren bezahle, dann – an manchen Tagen – nach Stunden den Laden ein zweites Mal mit einer leeren Tasche aufsuche. Er suche dann noch einmal alle Artikel zusammen, die er am Morgen gekauft habe, und verstaue sie in seiner Tasche. Anschließend kaufe er eine Kleinigkeit als Erklärung, warum er noch einmal gekommen sei. Bei

einer Taschenkontrolle zeige er seinen Kassenzettel vom Morgen vor, wodurch er die Waren unbezahlt aus dem Laden bringen könne. Auch an dem im Krimi beschriebenen Tag läuft der Vorgang so ab. Aber der Kunde verrät sich: Bei der Kontrolle in Anwesenheit des Detektivs packt er u. a. ein Tiefkühlhähnchen aus, das offensichtlich nicht am Morgen, sondern gerade eben aus dem Tiefkühlfach genommen wurde, weil es noch mit einer Eisschicht bedeckt ist.

Rekordverdächtig!

Seite 56 Rechtschreibung

1. 2. springen wollen (g), 3. weit springen (g), 4. überprüfen (z), 5. stattfindet (z), 6. teilnehmen (z), 7. fertigwerden (z), 8. Nerven verlieren (g), 9. sitzenbleiben (z)

2. herunter gezogen → heruntergezogen, im zurück liegenden Jahr → im zurückliegenden Jahr, herum gegeistert → herumgegeistert, zusammen gekommen → zusammengekommen, rund gerechnet → rundgerechnet

Seite 57 Grammatik

1. 1. a), 2. g), 3. b), 4. c), 5. f), 6. h), 7. d), 8. e)

2. 2. Unter welcher Bedingung …? → Konditionalsatz, 3. Warum …? → Kausalsatz, 4. Wozu …? → Finalsatz, 5. Warum …? → Kausalsatz, 6. Mit welcher Folge …? → Konsekutivsatz, 7. Trotz welcher Umstände …? → Konzessivsatz, 8. Wann …? → Temporalsatz, 9. Wo…? → Lokalsatz, 10. Unter welcher Voraussetzung, Bedingung …?, 11. Wie? Auf welche Art und Weise …? → Finalsatz

Seite 58 Ausdruck und Wortschatz

1. 1. kurzlebigste, 2. einzige, 3. weiteste bekannte, 4. längsten gemessenen, 5. höchstgewachsene

2. 1. die optimale Variante, 2. das meistgelesene Tierbuch, 3. die bestmögliche Lösung, 4. der nächstgelegene Tierpark, 5. das totale Chaos, 6. das größtmögliche Gehege

Seite 59 Ausdruck und Wortschatz

1.+2. abhängig von Schülerbeiträgen

Zuordnung der Regeln – Lösung:

S. 5:	Regel 4		
S. 8:	Regel 6	S. 33:	Regel 1
S. 9:	Regel 9	S. 36:	Regel 14
S. 10:	Regel 2	S. 37:	Regel 19
S. 12:	Regel 18	S. 40:	Regel 8
S. 13:	Regel 15	S. 44:	Regel 17
S. 16:	Regel 12	S. 49:	Regel 3
S. 24:	Regel 11	S. 49:	Regel 13
S. 29:	Regel 5	S. 52:	Regel 10
S. 32:	Regel 16	S. 56:	Regel 7

Fachbegriffe

Begriff	Erklärung	Beispiel	Seite
Adjektiv, das	Eigenschaftswort	schön, mutig, hässlich	21, 30, 38, 63
Adverbialbestimmung, die /Angabe, die	informiert über die Umstände eines Geschehens	Am Morgen fuhren wir los.	16, 21, 53, 57, 62
Akkusativ, der	4. Fall, Wen-Fall	den Superstar, die Möglichkeit	13, 21, 25
Aktiv, das	der Handelnde steht im Vordergrund	Spinnen bauen Netze.	5, 21, 60
Dativ, der	3. Fall, Wem-Fall	dem Verein, der Mitte	13, 21, 25
feminin	weiblich	die Mannschaft	13
Futur, das	Zeitform des Verbs, Zukunft	ich werde laufen, es wird regnen	21
Fremdwort, das	Wörter aus einer anderen Sprache, die kaum verändert wurden	aggressiv, aktiv	4, 28, 54, 63
Genitiv, der	2. Fall, Wessen-Fall	des Fußballers, der Sportart	13, 25
Hauptsatz, der	finites Verb an erster oder zweiter Stelle, kann alleine stehen	Wir schaffen das.	60
Imperativ, der	Befehlsform	Lies! Sprich! Sieh! Gib! Wirf! Nimm!	9, 61
Indikativ, der	Wirklichkeitsform	er kommt	21, 48, 49, 60

Begriff	Erklärung	Beispiel	Seite
Kasus, der	grammatischer Fall	Nominativ, Genitiv, Dativ, Akkusativ	13, 25, 63
Konjunktion, die	leitet einen Nebensatz ein	weil, wenn, dass, während, damit	21, 33, 34, 60, 62
Konjunktiv, der	Möglichkeitsform	er käme	21, 48, 49, 60
maskulin	männlich	der Schluss	13
Nebensatz, der	finites Verb an letzter Stelle, kann nicht alleine stehen	…, dass wir es schaffen.	60, 61
neutral	sächlich	das Geld	13
Nominativ, der	1. Fall, Wer-Fall	die Mannschaft, das Geld	13, 63
Passiv, das	derjenige/dasjenige steht im Vordergrund, mit dem etwas geschieht	Netze werden von Spinnen gebaut.	5, 21, 60
Perfekt, das	Zeitform des Verbs, Vergangenheit, eher mündlich	ich bin gelaufen, es hat geregnet	21, 60
Plural, der	Mehrzahl	die Vereine	13, 21
Plusquamperfekt, das	Zeitform des Verbs, Vorvergangenheit	ich war gelaufen, es hatte geregnet	21
Präposition, die	Verhältniswort	auf, in, mit, für, neben, trotz	21, 25, 61, 63
Präsens, das	Zeitform des Verbs, Gegenwart	ich laufe, es regnet	21, 60
Präteritum, das	Zeitform des Verbs, Vergangenheit, eher schriftlich	ich lief, es regnete	21, 48, 62
Relativpronomen, das	leitet einen Nebensatz ein, verweist in der Regel auf ein Substantiv in einem vorausgehenden Satz	welcher, welche, welches, der, die, das … Das Spiel, das noch verpackt ist, …	29, 61
Satzgefüge, das	zusammengesetzter Satz aus Haupt- und Nebensatz	Ich denke, dass wir das schaffen.	29, 60
Satzglied, das	selbstständiges Element eines Satzes	z.B. Subjekt, Prädikat	17, 41, 61
Singular, der	Einzahl	der Verein	13
Substantiv, das / Nomen, das	Hauptwort	Verein, Spieler	12, 13, 21, 30, 40, 61, 62, 63
Substantivierung, die / Nominalisierung, die	Wörter einer anderen Wortart, die als Substantiv/Nomen gebraucht werden	das Schreiben, im Folgenden	12, 40, 61, 63
Suffix, das	Nachsilbe	häufig, fröhlich, neidisch	62
Verb, das	Tätigkeitswort	gehen, laufen, rennen	21, 56, 60, 61, 62
Vokal, der	Selbstlaut	a, e, i, o, u	20, 62, 63

Präpositionen korrekt verwenden

1. Lies und ergänze. Beachte jeweils den Kasus, den die Präposition verlangt.

Das seltsame Rezept

(Nach einer Kalendergeschichte von Johann Peter Hebel)

Es ist sonst kein großer Spaß dabei, wenn man ein Rezept in (1) ______________ (die Apotheke) tragen muss; aber vor (2) ______________ (lange Jahre) war es doch einmal ein Spaß. Da hielt ein Mann von (3) ______________ (ein entlegener Hof) eines Tages mit (4) ______________ (ein Wagen und zwei Stiere) vor (5) ______________ (die Stadtapotheke) still, lud sorgsam eine große tannene Stubentür ab und trug sie hinein. Der Apotheker machte große Augen und sagte: „Was wollt Ihr da, guter Freund, mit (6) ______________ (Eure Stubentür)? Der Schreiner wohnt um zwei Häuser links.“ Dem sagte der Mann, der Doktor sei bei (7) ______________ (seine kranke Frau) gewesen und habe ihr wollen ein Tränklein verordnen, so sei in (8) ______________ (das ganze Haus) keine Feder, keine Tinte und kein Papier gewesen, nur eine Kreide. Da habe der Herr Doktor das Rezept an (9) ______________ (die Stubentüre) geschrieben, und nun soll der Herr Apotheker so gut sein und das Tränklein kochen. […]

2. Wähle aus jeder Gruppe der folgenden Tabelle zwei Präpositionen aus und verwende sie in Sätzen.

Gruppe 1: nur Dativ	Gruppe 2: nur Akkusativ	Gruppe 3: Dativ oder Akkusativ	Gruppe 4: nur Genitiv
aus, bei, gegenüber, mit, nach, seit, außer, zu, von	durch, für, gegen, ohne, um, wider	an, auf, hinter, in, neben, über, unter, vor, zwischen	außerhalb, abseits, statt, trotz, während, wegen

Einen Text stilistisch überarbeiten

1. Vergleiche die originale Kalendergeschichte von Johann Peter Hebel mit der Nacherzählung des Inhalts durch einen Schüler. Sicher merkst du, dass dieser Text etwas langweilig formuliert ist. Überarbeite ihn so, dass er sich abwechslungsreicher liest.

Das ist das Original.

Johann Peter Hebel: Seltsamer Spazierritt

Ein Mann reitet auf seinem Esel nach Haus und lässt seinen Buben zu Fuß nebenher laufen. Kommt ein Wanderer und sagt: „Das ist nicht recht, Vater, dass Ihr reitet und lasst Euern Sohn laufen. Ihr habt stärkere Glieder." Da stieg der Vater vom Esel herab und ließ den Sohn reiten. Kommt wieder ein Wandersmann und sagt: „Das ist nicht recht, Bursche, dass du reitest und lassest deinen Vater zu Fuß gehen. Du hast jüngere Beine." Da saßen beide auf und ritten eine Strecke. Kommt ein dritter Wandersmann und sagt: „Was ist das für ein Unverstand, zwei Kerle auf einem schwachen Tiere! Sollte man nicht einen Stock nehmen und euch beide hinabjagen?" Da stiegen beide ab und gingen selbdritt zu Fuß, rechts und links der Vater und Sohn und in der Mitte der Esel. Kommt ein vierter Wandersmann und sagt: „Ihr seid drei kuriose Gesellen. Ist's nicht genug, wenn zwei zu Fuß gehen? Geht's nicht leichter, wenn einer von euch reitet?" Da band der Vater dem Esel die vordern Beine zusammen, und der Sohn band ihm die hintern Beine zusammen, zogen einen starken Baumpfahl durch, der an der Straße stand, und trugen den Esel auf der Achsel heim. So weit kann's kommen, wenn man es allen Leuten will recht machen.

Das ist der Schülertext.

Seltsamer Spazierritt
Ein Vater ritt auf seinem Esel nach Haus und sein Sohn musste nebenher gehen. Da kam ein Wanderer und sagte zum Vater: „Das ist nicht recht, dass du reitest und dein Sohn gehen muss." Da stieg der Vater vom Esel herunter und der Sohn ritt. Da kam ein zweiter Wanderer und sagte zu dem Sohn: „Das ist nicht recht, dass du reitest und dein Vater gehen muss." Da stieg der Vater mit auf den Esel und Vater und Sohn ritten beide. Da kam ein dritter Wanderer und sagte: „Das ist nicht recht, dass ihr beide auf dem Esel reitet." Da stiegen beide ab und gingen neben dem Esel her. Da kam ein vierter Wanderer und sagte: „Es ist nicht richtig, dass ihr einen Esel habt, aber beide nebenher geht." Da trugen sie den Esel beide auf den Schultern heim.
Die Lehre: Man kann es niemals allen Leuten recht machen.

Anekdoten erschließen

1. Erschließe den Inhalt folgender Anekdoten.

Die Nachricht über die am 8. November 1895 von **Wilhelm Conrad Röntgen** entdeckten X-Strahlen (später Röntgen-Strahlen genannt) wurde von Fachleuten und Laien mit großem Interesse, aber unterschiedlichen Erwartungen aufgenommen.
An Röntgen wurden viele Anfragen gerichtet. Eines Tages erhielt er einen seltsamen Brief. Der Absender, der von der Entdeckung gehört, sie aber nicht verstanden hatte, schrieb, dass er sich Gewissheit verschaffen möchte, ob in seinem Brustkorb eine Pistolenkugel stecke. Da er keine Zeit habe, den berühmten Forscher aufzusuchen, bat er um die Zusendung einiger X-Strahlen und einer Gebrauchsanweisung.
Röntgen, der sehr viel Humor hatte, antwortete u.a.: „Leider habe ich augenblicklich keine X-Strahlen auf Lager, außerdem ist das Übersenden dieser Strahlen sehr schwierig. Ich schlage vor, dass wir es einfacher machen: Senden Sie mir ihren Brustkorb."

Henry Ford führte die Schritte der Automatisierung und Rationalisierung 1909 mit dem Fließbandverfahren in die Kraftwagenfertigung ein. Und mit dem damals berühmten Modell T (Tin Lizzy, auf Deutsch: „Blech-Lieschen") startete er die Rationalisierung mit folgender Ankündigung: „Der Kunde wird die Möglichkeit haben, das Modell in jeder gewünschten Farbe zu beziehen, vorausgesetzt, dass die Farbe Schwarz ist."

Isaac Newton war oft sehr zerstreut. Eines Tages wurde seine Haushälterin in dem Augenblick abberufen, als sie ihrem Herrn ein Ei kochen sollte. Sie stellte den Gelehrten also selbst an den Herd, gab ihm in die Rechte das Ei, in die Linke eine Sanduhr und schärfte ihm ein, sobald das Wasser koche, das Ei in den Topf zu legen und eine bestimmte Zeit darin zu kochen. Dann könne er es herausnehmen. Nach einer halben Stunde kehrte sie in die Küche zurück und fand den Gelehrten tief in Gedanken versunken am Herd stehend, die aufsteigenden Dämpfe des kochenden Wassers beobachtend. Das Ei hielt er nach wie vor in der Rechten, aber die Uhr lag im brodelnden Wasser.

2. Notiere, warum es sich bei diesen Texten um Anekdoten handelt.

3. Lies die Anekdoten so vor, dass die Pointe möglichst gut zum Ausdruck gebracht wird.

7 Reisen durch Raum und Zeit

Fachwörter erschließen und richtig schreiben

1. Löse das Rätsel und finde das Lösungswort.

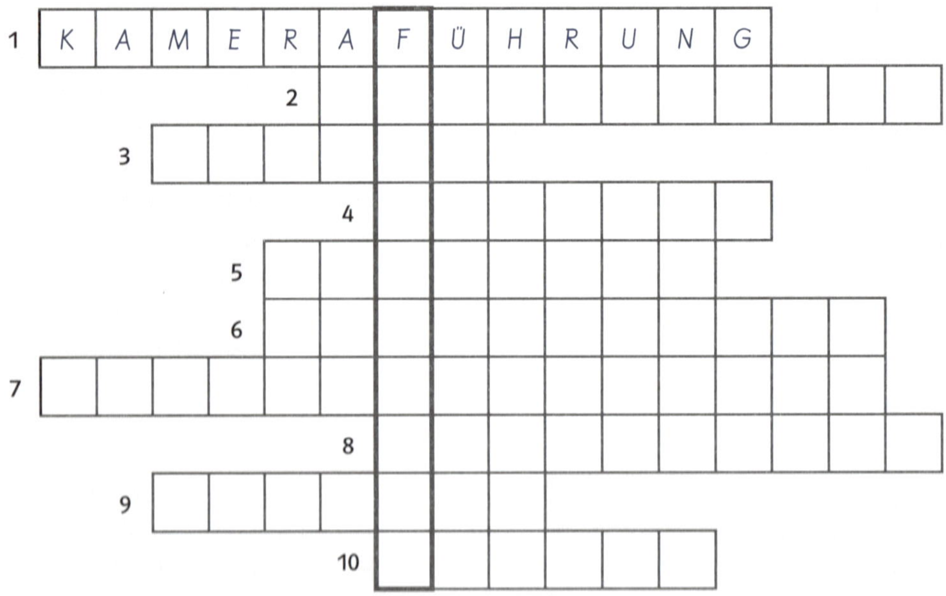

1. wichtiges Gestaltungsmittel des Films
2. die kleinste Einheit eines Films
3. Einstellungsgröße, die einen Überblick über den gesamten Handlungsort vermittelt
4. durch die … werden ausgewählte Einstellungen zusammengefügt
5. anderer Begriff für „Vogelperspektive"
6. Kameraperspektive mit der Kamera auf Augenhöhe der handelnden Personen
7. durch die … erfährt der Zuschauer, was zwei Personen an verschiedenen Orten zur gleichen Zeit tun
8. anderer Begriff für „Froschperspektive"
9. Einstellungsgröße, bei der die handelnde Person vom Kopf bis zur Mitte des Oberkörpers gezeigt wird
10. Einstellungsgröße, bei der ein kleiner Ausschnitt groß gezeigt wird

Lösungswort: ______________________

2. Sicher kennst du dich in der Film-Fachsprache aus. Aber weißt du auch, aus welchen anderen Sprachen viele dieser Fachbegriffe stammen? Übernimm die Tabelle und ordne die Begriffe ein. Benutze, wenn nötig, ein Wörterbuch.

aus dem Französischen	aus dem Englischen	aus dem Griechischen/Lateinischen
Detail, …		

Action, authentisch, Clip, Detail, Effekt, fiktiv, Manuskript, Montage, parallel, Perspektive, Regie, Sequenz, Story, Szene, virtuell, Zoom

3. Finde zu den unterstrichenen Wörtern mindestens zwei verwandte Wörter.

Die Zeichensetzung bei Relativsätzen einüben

1. Lies den folgenden Verkaufstext für ein Computerspiel und ergänze die fehlenden Kommas. Unterstreiche in den Satzgefügen jeweils den Relativsatz. Markiere das Relativpronomen sowie sein Bezugswort.

Herr der Ringe, Computerspiel, DVD

Ich verkaufe dieses Spiel, das noch neu und original verpackt ist, weil es mir zweimal geschenkt wurde.
Bereits das Intro mit Filmausschnitten die auf verblüffende Weise nahtlos in das Spielgeschehen übergehen wird dich sofort begeistern.
Zunächst solltest du auf einem Trainingslevel üben bei dem du dich im Kampf gegen die Schergen des bösen Zauberers Sauron mit den grundlegenden Kampftechniken vertraut machen kannst.
Die 16 Levels die mit der Oscar-prämierten Filmmusik unterlegt sind zeichnen sich durch taktische Kämpfe realistische Animationen sowie tolle Grafikeffekte aus.
Insgesamt wirkt das Computerspiel aufgrund seiner aufwendigen und wohl einmaligen Machart eher wie ein Film in den man interaktiv eingreifen und den man verändern kann.
Allerdings benötigst du eine Grafikkarte die sehr leistungsfähig ist!

Brauchst du Hilfe? Suche den entsprechenden Merksatz auf Seite 60–63 und trage die Nummer in die Figur ein.

2. Forme die Sätze in Satzgefüge mit Relativsatz um.

1. Das ist ein tausendfach verkauftes Computerspiel.
2. Er kauft ein Sachbuch mit detaillierten Informationen über den neuen Film.
3. Ich war von der Oscar-prämierten Filmmusik beeindruckt.
4. Man beurteilt den Film mit zwei verknüpften Handlungssträngen positiv.
5. Lies den Text mit einer detaillierten Beschreibung der Filmtechnik.

Das ist ein Computerspiel, das tausendfach verkauft wurde.

Vielfältige Adjektive zur Textverbesserung verwenden

„Avatar – Aufbruch nach Pandora" ist ein US-amerikanischer Science-Fiction-Film des Regisseurs James Cameron. Der Film vermischt real gedrehte und computeranimierte Szenen. Große Teile des Films wurden in einem virtuellen Studio und mit neu entwickelten digitalen 3D-Kameras gedreht. Die **Kritiken** zu diesem Film sind sehr unterschiedlich. Hier einige Beispiele:

1. Mit „Avatar – Aufbruch nach Pandora" erschuf Cameron einen großartigen 3D-Film, der die Technik so gekonnt einsetzt, dass die märchenhafte Welt des Dschungelplaneten Pandora so plastisch und atemberaubend erscheint wie keine andere erdachte Örtlichkeit zuvor.

2. „Avatar" ist ein visuell eindrucksvolles Erlebnis, das auf der Handlungsebene die im Film enthaltene eindringliche Botschaft des schonenden Umgangs mit den Ressourcen umsetzt.

3. Zwar wirkten die gezeigten computergenerierten Schauplätze und Wesen durchaus stimmig, aber nicht bahnbrechend und revolutionär.

4. Den liebevoll gestalteten und den großartigen Effekten stehen die simple Geschichte und die ebenso klischeehaften Charaktere gegenüber.

5. Die meisterhafte Technik ist geradezu epochal, doch für den Filmolymp reicht es dann doch nicht. Das ist schade, denn eine Kombination mit einer überzeugenden Botschaft hätte einen wirklich spektakulären Film entstehen lassen …

6. Zwar ist der Film nicht bahnbrechend und revolutionär, aber ein sehenswerter Film, verpackt in einem lebendigen, modernen Format.

7. Die mit atemberaubenden Kamerabewegungen liebevoll aufgenommene Räumlichkeit und die detailgenauen, natürlich wirkenden Pflanzen und Tiere auf Pandora verzaubern den Zuschauer. Ein wunderbarer Film mit einer beeindruckenden, faszinierenden, berührenden, überwältigenden Wirkung!

1. Notiere, wonach hier der Film „Avatar" beurteilt wird. Markiere die entsprechenden Substantive/Nomen in den Kritiken.

2. Finde zu jedem der folgenden Substantive/Nomen mindestens sechs Adjektive oder Partizipien, die als Attribut verwendbar sind. Nutze die in den Kritiken verwendeten Adjektive/Partizipien.

Film | **Technik** | **Geschichte/Story** | **Charaktere**

Schauplätze | **Botschaft** | **Wirkung**

Eine Reportage abschnittsweise erschließen

1. Erschließe den Text. Notiere, weshalb der Text der Textsorte Reportage zuzuordnen ist.

Alles nur Show

Beim Stunt-Training dürfen Kinder im Alter von 5 bis 17 Jahren mitmachen. Wer sich geschickt anstellt, kann später vielleicht sogar in Kinofilmen, TV-Serien oder Werbespots auftreten.

Aylin brennt. Ihre Kleidung steht in Flammen. Aylin, dreizehn Jahre alt, schreit und wirft sich auf den Boden. Das sieht sehr gefährlich aus. Doch dann fängt sie an zu lachen: „Hat Spaß gemacht." Die Flammen an ihrer Jacke sind zwar echt, aber Aylin kann nichts passieren: Sie ist gerade beim „Stunt-Training" für Kinder. Einmal in Flammen stehen gehört hier zum Programm.

Auch bei wilden Filmprügeleien bricht sich niemand wirklich die Knochen. Assistent Fabian zeigt den Kindern, wie man sich einen Kinnhaken verpasst, ohne sich dabei zu verletzen: Zwei Kinder stellen sich dazu gegenüber auf. Ein Kind führt seine Faust an das Kinn des anderen. Aber ganz kurz bevor das andere Kind von der Faust richtig getroffen werden kann, muss es im letzten Moment wegzucken. Diesen Moment richtig abzupassen, nicht zu spät, aber auch nicht zu früh, damit alles möglichst echt aussieht – dafür muss man lange trainieren. Alle Bewegungen werden erst einmal in Zeitlupe geübt, bevor man sie langsam schneller und flüssiger werden lässt. Einen Kinnhaken einzustudieren ist also mühsame Arbeit …

Etwas einfacher geht das „Sich-erschießen-Lassen": Gerade hält sich die 14-jährige Lara einen Beutel aus Frischhaltefolie vor den Bauch. Der ist prall gefüllt mit Filmblut. Lara zerquetscht den Beutel genau in dem Moment, als Anton mit einer Platzpatronenpistole in die Luft schießt. Das Filmblut spritzt nach allen Seiten, Lara lässt sich fallen, als wäre sie von einem Schuss getroffen.

Dann blickt sie zum Trainer. Der baut sich jetzt vor einem alten Ford auf und erklärt den „Sprung übers Auto". Assistent Fabian führt ihn vor. Er nimmt Anlauf, stößt sich mit einer Hand an der Motorhaube ab, dreht sich in der Luft, landet mit dem Rücken auf dem Blech und rollt sich über die Seite ab. Wie James Bond, wenn's mal schnell gehen muss. Der Trainer schaut in die Runde, „na – wer traut sich?" Michelle strahlt, reißt den Arm hoch: „Ich!"

2. Notiere zu jedem Abschnitt einen Satz zum Inhalt.

8 Lebenswelten

Stimmhafte und stimmlose *s*-Laute richtig wiedergeben

1. Lies die Ballade und schreibe den Inhalt in Stichpunkten auf.

Heinrich Heine: Ich weiß nicht, was soll es bedeuten

Ich weiß nicht, was soll es bedeuten,
Dass ich so traurig bin;
Ein Märchen aus alten Zeiten,
Das kommt mir nicht aus dem Sinn.

Die Luft ist kühl und es dunkelt,
Und ruhig fließt der Rhein;
Der Gipfel des Berges funkelt
Im Abendsonnenschein.

Die schönste Jungfrau sitzet
Dort oben wunderbar;
Ihr goldnes Geschmeide blitzet,
Sie kämmt ihr goldenes Haar.

Sie kämmt es mit goldenem Kamme
Und singt ein Lied dabei;
Das hat eine wundersame,
Gewaltige Melodei.

Den Schiffer im kleinen Schiffe
Ergreift es mit wildem Weh;
Er schaut nicht die Felsenriffe,
Er schaut nur hinauf in die Höh.

Ich glaube, die Wellen verschlingen
Am Ende Schiffer und Kahn;
Und das hat mit ihrem Singen
Die Lore-Ley getan.

2. Unterstreiche stimmhafte *s*-Laute, markiere stimmlose *s*-Laute.

3. Sprich das stimmhafte *s* in folgenden Wörtern ganz deutlich.

sausen – sehen – Pause – Hose – Hase
Reise – Nase – lösen – lesen – leise

4. Verlängere diese Wörter, sodass du dann das stimmhafte *s* am Silbenanfang deutlich hören kannst, z. B. *Kreise*.

Kreis – Glas – Gras – Beweis – Los

Brauchst du Hilfe? Suche den entsprechenden Merksatz auf Seite 60 – 63 und trage die Nummer in die Figur ein.

das und *dass* unterscheiden und richtig schreiben

1. Wiederhole, was du über die Wortarten Konjunktion, Pronomen und Artikel gelernt hast. Erkläre und ergänze, wo in folgendem Text die Konjunktion (K) *dass* verwendet wird, wo *das* ein Pronomen (P) ist und wo *das* (A) ein Artikel ist.

In diesem Gedicht erinnert sich das Ich an das Märchen von der Lore-Ley:
„Ich weiß nicht, was soll es bedeuten, dass (____) ich so traurig bin.
„Ein Märchen aus alten Zeiten, das (____) kommt mir nicht aus dem Sinn.“
Das (____) Märchen erzählt, dass (____) einst auf einem Felsen am Rhein ein Mädchen gesessen habe, das (____) durch seine Schönheit und seinen Gesang die vorbeifahrenden Schiffer in den Tod lockte.

2. Ergänze die Sätze wie im Beispiel. → *Ich weiß, dass der Bus später kommt.*

1. Ich weiß, dass …
2. Er glaubt, dass …
3. Ich denke, dass …
4. Ich verspreche, dass …
5. Ich wünsche, dass …
6. Es ist klar, dass …
7. Es ist schade, dass …
8. Es stimmt, dass …
9. Es ist falsch, dass …
10. Es ist wichtig, dass …

3. *das* oder *dass*? Füge das richtige Wort ein.

1. Das Gedicht von der Lore-Ley, ________ Heinrich Heine 1824 geschrieben hat, zählt zu den bekanntesten deutschen Balladen.
2. Man nimmt an, ________ der Name so entstanden ist: „Lore“ (von „Lure“) heißt übersetzt „Hinterlistige“ und „Ley“ bedeutet „Schiefer“ oder „Fels“.
3. Es ist bekannt, ________ in Deutschland Anfang des 18. Jahrhunderts viele Balladen verfasst wurden.
4. Wir wissen, ________ Goethe, Schiller, Heine und Fontane große Balladendichter waren.
5. ________ Märchen von der Lore-Ley wird in verschiedenen Varianten erzählt.
6. Es ist interessant, ________ Balladen heute in der Popmusik eine große Rolle spielen.

Brauchst du Hilfe? Suche den entsprechenden Merksatz auf Seite 60 – 63 und trage die Nummer in die Figur ein.

Texte stilistisch überarbeiten

1. Die Sätze in folgendem Schülertext sind viel zu lang. Überarbeite den Text. Schreibe kürzere und damit verständlichere Sätze.

Die Ballade, die Heinrich Heine 1824 geschrieben hat, erzählt von der schönen Jungfrau Lore-Ley, die mit ihrer Schönheit und ihrem betörenden Gesang Rheinschiffer ins Verderben treibt. Das lyrische Ich erinnert sich an ein trauriges Märchen, in dem die Schöne auf einem Felsen am Rheinufer saß, sich ihr goldenes Haar kämmte und mit ihrem Wohlgesang einen vorbeifahrenden Schiffer faszinierte, der wie verzaubert vergaß, den Kurs zu halten, sodass sein Boot an dem Felsenriff im Fahrwasser zerschellte und mit dem Wrack ging der Schiffer unter.
Die Ballade gefällt mir sehr, weil es der Dichter vermag, mit einfacher Sprache und in nur sechs Strophen eine romantische und zugleich düstere Grundstimmung meiner Meinung nach auch dadurch zu erzeugen, dass er die Macht des Wortes mit der Naturbeschreibung verknüpft. Die Wortwahl des lyrischen Ichs lässt möglicherweise darauf schließen, dass in der Ballade die Legende um die Lore-Ley mit der eigenen Situation, nämlich der Erfahrung einer unerfüllten Liebe des lyrischen Ichs, verquickt wird.

2. „Zweimal *dass*, das geht nicht." – Schreibe die Sätze so um, dass nur einmal die Konjunktion *dass* auftritt. Statt eines Satzes kannst du auch mehrere Sätze formulieren.

1. Die Ballade handelt davon, dass eine Jungfrau den Schiffer so betört, dass dieser ertrinkt.

2. Mir gefällt, dass die Ballade so verständlich geschrieben ist, dass sie jeder versteht.

3. Das lyrische Ich erinnert sich, dass der Kahn des Schiffers direkt auf einen Felsen fährt, dass er zerschellt und versinkt.

Eine Ballade erschließen und wirkungsvoll vortragen

1. Erschließe den Inhalt der folgenden Ballade. Tauscht euch darüber aus, welche Gefühle und Empfindungen die Ballade bei euch hervorruft. Bereite die Ballade anschließend für einen Vortrag vor.

Eleonore Görges: Der Clown

… Hoppla ho … hoppla ho …
steht auf seinem Spiegel in großer Schrift,
geschrieben mit rotem Lippenstift;
noch einmal steht er heut Abend davor,
schminkt sich, wie tausende Male zuvor,
ganz dick trägt er die Farbe auf,
als könnte sie aufhalten den Verlauf.
Ein kräftiges Rot für die Wangen,
weiß hält die Augenlider gefangen
und umrandet grell seinen Mund,
der knallrot ziert diese einsame Stund'.

Flachs, der Clown, ist müde und alt,
seinen letzten Auftritt hat er jetzt bald;
zwei traurige Augen sehen ihn an,
sehen einen alten, einsamen Mann,
eine salzige Träne, noch herzensheiß,
läuft über das Rot ins grelle Weiß,
zeichnet eine glitzernde Rosaspur
als untrügliche Tränengravur –
bis in den Rüschenkragen sie rinnt,
der gierig sie für immer verschlingt.

Sein abendliches Hoppla ho ... hoppla ho ...
und die Manege – werden fehlen ihm so,
tiefe Trauer sein Herze umschlingt,
weil dieser Ruf dann nie wieder erklingt;
die Seele wird ihm grade aufgefressen,
wie nur soll er das alles vergessen?
Ganz eng wird ihm die Atemluft,
weil nie mehr die Manege ruft;
um Luft muss eben er ringen,
wird ihm diese Stunde noch gelingen?
[…]

Gnadenlos zeigt ihm die Uhr die Stunde,
hinaus muss er, zur letzten Runde,
es schlottern ihm die schwachen Beine –
und den Weg geht er alleine.
„Kraft, oh Kraft, verlass mich nicht,
noch eine einzige Stunde trage mich,
hinaus in meine bunte Welt,
dorthin, wo nur das Lachen zählt." […]

„Hoppla ho … hoppla ho …"
So stolpert er auf die Menschen zu –
und schon gehören ihm alle Herzen,
doch keiner spürt seine Schmerzen,
denn es lacht wie immer sein Gesicht,
er vergisst bald, dass es die letzte Stunde ist.

„Hoppla ho … hoppla ho …"
Wieder fällt er über seinen großen Schuh –
und keiner merkt in all dem Lachen,
dass seine Beine ihm Probleme machen. […]

Unter all der Schminke wird er blass,
die Kinder glauben noch an Spaß.
Und als der Salto ihm nicht mehr gelingt,
er mit seinem letzten Atem ringt […],
lautes Lachen durch die Manege hallt,
Applaus, Applaus – geballt;
so ist sie, die Manegenwelt,
doch Flachs steht nun vorm andern Zelt.

„Hoppla ho … hoppla ho …"
So fällt er über seinen großen Schuh
ins Himmelszelt hinein,
's wird seine letzte Manege sein.
Hoppla ho … hoppla ho …

9 Familienbande

Wörter mit *End-/end-* und *Ent-/ent-* sowie *Wieder-/wieder-* und *Wider-/wider-* richtig schreiben

1. *End-/end-* oder *Ent-/ent-* , *Wieder-/wieder-* oder *Wider-/wider-*? – Ergänze die fehlenden Buchstaben.

Für und Wider die Wahrheit: Darf man Freude vortäuschen, wenn man ein blödes Geschenk bekommt?

ANNA: Ja, denn die Schenkenden haben sich viel Mühe gegeben und wären en___täuscht. Vielleicht haben sie en___los gesucht und sind froh, en___lich etwas gefunden zu haben.

KARL: Da w___derspreche ich en___schieden! Solche Lügen werden meist sofort en___larvt.

LUKAS: Es w___derstrebt mir, bei einem Geschenk, das nicht meinem Geschmack en___spricht, Freude zu heucheln.

JULE: Ich en___halte mich. Hin und w___der habe ich mich auch schon en___schlossen zu schwindeln, obgleich mir das eigentlich zuw___der ist.

PIT: Ich habe einmal Freude vorgetäuscht, obwohl das Geschenk von meiner Oma en___setzlich war. Zum nächsten Geburtstag bekam ich prompt w___der so etwas. Im En___effekt ist es schon besser, man sagt gleich die Wahrheit.

2. Ergänze die fehlenden Buchstaben in den Wörtern unten. Übernimm die folgende Tabelle und trage die Wörter ein.

End-/end- **oder** *Ent-/ent-*: En___phase, En___zündung, En___dreißiger, En___haltung, En___verbraucher, En___fernung, En___faltung, en___täuschen, en___sagen, en___flammen, en___lich, en___setzlich, en___gegnen, en___fesseln, en___decken, en___schädigen, en___mutigen, en___sprechend, unen___lich

Wieder-/wieder- **oder** *Wider-/wider-*: ______derkehr, ______derstand, ______derspruch, ______dersehen, ______derholung, ______derworte, ______derspenstig, ______derrufen, ______dergeben, ______derbringen, ______derkommen, ______dersetzen, zu______der, ______dersprechen, er______dern, ______derrechtlich, ______der Erwarten, ______derhallen

End-/end-	*Ent-/ent-*	*Wieder-/wieder-*	*Wider-/wider-*

Brauchst du Hilfe? Suche den entsprechenden Merksatz auf Seite 60–63 und trage die Nummer in die Figur ein.

Satzzeichen bei wörtlicher Rede korrekt setzen

1. Lies den Text, unterstreiche die wörtlichen Reden und setze die fehlenden Satzzeichen.

Lew N. Tolstoi: Die drei Söhne

Drei Frauen wollten Wasser holen am Brunnen. Nicht weit davon saß ein alter Mann auf einer Bank und hörte zu, wie die Frauen ihre Söhne lobten.

Mein Sohn sagte die erste ist so geschickt, dass er alle hinter sich lässt ...

Mein Sohn sagte die zweite singt so schön wie eine Nachtigall! Es gibt keinen, der eine so schöne Stimme hat wie er ...

Und warum lobst du deinen Sohn nicht fragten sie die dritte, als sie schwieg.

Er hat nichts, was ich loben könnte entgegnete sie. Mein Sohn ist nur ein gewöhnlicher Knabe, er hat nichts Besonderes an sich und in sich ...

Die Frauen füllten ihre Eimer und gingen heim. Der alte Mann ging langsam hinter ihnen her. Die Eimer waren schwer und die abgearbeiteten Hände schwach. Deshalb machten die Frauen eine Ruhepause, denn der Rücken tat ihnen weh.

Da kamen ihnen drei Jungen entgegen. Der erste stellte sich auf die Hände und schlug Rad um Rad. Die Frauen riefen Welch ein geschickter Junge Der zweite sang so herrlich wie die Nachtigall, und die Frauen lauschten andachtsvoll und mit Tränen in den Augen. Der dritte Junge lief zu seiner Mutter, hob die Eimer auf und trug sie heim.

Da fragten die Frauen den alten Mann Was sagst du zu unseren Söhnen

Wo sind eure Söhne fragte der alte Mann verwundert. Ich sehe nur einen einzigen Sohn

2. Ergänze im folgenden Schema die Zeichensetzung für die wörtliche Rede mit nachgestellten Redebegleitsatz. Suche jeweils ein Beispiel.

Wörtliche Rede		Beispiel
Aussagesatz	Redebegleitsatz	
Fragesatz	Redebegleitsatz	
Aufforderungssatz	Redebegleitsatz	

Brauchst du Hilfe? Suche den entsprechenden Merksatz auf Seite 60 – 63 und trage die Nummer in die Figur ein.

Die Sprechweise, Mimik und Gestik von Figuren bezeichnen

1. Lies den Dialog zwischen Leon und seiner Mutter auf der nächsten Seite. Ergänze in den Lücken Regieanweisungen über die Sprechweise, Mimik und Gestik. Du kannst aus den vorgeschlagenen Wörtern auswählen.

argwöhnisch | aufgeregt | aufhorchend | beharrlich | belehrend | beleidigt | beunruhigt | besänftigend | beschwichtigend | bissig | böse | desinteressiert | drohend | entrüstet | entspannt | erleichtert | ernst | erstaunt | fragend | freundlich | gelangweilt | gelassen | genervt | gequält | gereizt | grinsend | herausfordernd | kopfschüttelnd | kühl | lächelnd | lauter | leiser | nachdenklich | nachdrücklich | nervös | provozierend | ruhig | sachlich | schmunzelnd | schnaufend | selbstbewusst | spöttisch | streng | triumphierend | überrascht | unruhig | unaufgeregt | unbeeindruckt | verärgert | verschmitzt | verstimmt | vorwurfsvoll | wütend | zögernd

Ab Montag wird alles anders!

Personen: *Leon und seine Mutter* | ***Mobiliar:*** *Tisch und zwei Stühle* | ***Requisiten:*** *Volkshochschulheft und Stift* | ***Eingangsszene:*** *Mutter und Sohn sitzen sich am Tisch gegenüber. Der Sohn sitzt mit vor der Brust verschränkten Armen in Abwehrhaltung vor seiner Mutter. Auf dem Tisch liegen Heft und Stift.*

Einen Sketchtext mit verteilten Rollen vortragen

LEON: (selbstbewusst) Ab nächste Woche lass ich mir nichts mehr vorschreiben!

MUTTER: (__________, blättert in dem Heft) Mm.

LEON: (__________) Dann komme ich so spät nach Hause, wie es mir passt!

MUTTER: (__________, blättert weiter) Mm.

LEON: (__________) Mit 18 kann ich endlich meine eigenen Entscheidungen treffen!

MUTTER: (__________) Sicher!

LEON: (__________) Und wenn ich nachts jobben will, dann werde ich auch das tun! Ich kann schließlich selbst beurteilen, wie viel Schlaf ich brauche!

MUTTER: (__________, blättert weiter) Mm.

LEON: (__________, stützt jetzt die Hände auf der Tischplatte auf und kommt näher an die Mutter heran) Mit 18 lass ich mich nicht mehr so bevormunden!

MUTTER: (__________) Nein, nein.

LEON: (__________) Ich meine das ernst!

MUTTER: (__________) Sicher.

LEON: (__________) Ich kann dann auch alle Verträge allein unterschreiben.

MUTTER: (__________) Mm.

LEON: (__________) Eigentlich könnte ich auch bald ausziehen und mir eine eigene Wohnung mieten.

MUTTER: (__________) Ja.

LEON: (__________) Dann kannst du mir auch nicht mehr vorwerfen, dass du seit Jahren nur für mich so viel arbeitest!

MUTTER: (__________, nimmt den Stift und umkreist etwas in ihrem Heft) Gut.

LEON: (__________) Ich glaube, du hörst mir gar nicht zu! Was tust du überhaupt die ganze Zeit? (zeigt auf das Heft)

MUTTER: (__________, schlägt schwungvoll das Heft zu, beugt sich nah an sein Gesicht heran und schaut ihm in die Augen) Ich habe mir schon einmal ein paar interessante Volkshochschulkurse herausgesucht. Ab nächste Woche arbeite ich nämlich nicht mehr. Du wirst ja am Montag volljährig, kannst dann alle Arbeitsverträge selbst unterschreiben, nachts jobben und dadurch für uns beide sorgen!

2. Tausche dich mit einer Partnerin/einem Partner über die Eintragungen aus.

3. Übt die Dialoge und tragt sie entsprechend euren Regieanweisungen, vor. Überarbeitet gegebenenfalls die Regieanweisungen.

10 Macht Werbung!

Substantivierungen/Nominalisierungen richtig schreiben

1. Bilde Werbesprüche nach dem gegebenen Muster und schreibe sie auf.

1. Damit Sie wohlig entspannen können! → Ein Schaumbad zum *wohligen Entspannen!*
2. Damit Sie rasch einschlafen können! → Die Superpille zum ______
3. Damit du erfolgreich lernen kannst! → Das einzige Müsli für ______
4. Damit du glücklich sein kannst! → Die Schokolade zum ______
5. Damit Sie Geld sparen können! → Das neue Konto zum ______
6. Damit Sie sich wohlfühlen! → Ein schicker Schuh zum ______
7. Damit Sie mühelos Fenster putzen können!
   → Ein automatischer Scheibenwischer zum ______
8. Damit Sie geräuschlos Rasen mähen können!
   → Das geniale Gerät zum ______

2. Werbesprüche – Setze die Buchstaben in richtiger Schreibung ein.

1. Nimm NASIEL beim (N/n) ___aselaufen!
   Katzen würden KOLA kaufen!

2. Bei (V/v) ___erkalkung nimm KALKON,
   Doch es hilft auch KUKLO schon.

3. MASTER PRAPER, WÄSCHEBLEICH,
   hilft bei (M/m) ___agendrücken gleich.

4. Bei (W/w) ___adenkrampf am (B/b) ___esten FRIL,
   aber (W/w) ___enig, nicht zu (V/v) ___iel!

5. Und das ROHRFREI mit Aroma
   nimmt bei (V/v) ___erstopfung
   unsre Oma.

6. Beim (K/k) ___ochen immer
   KOCHIDENT!
   Und wenn es dir im Halse brennt.

7. POLMALIVE, KETIKAT –
   sind das (B/b) ___este, was
   man hat!

Brauchst du Hilfe? Suche den entsprechenden Merksatz auf Seite 60 – 63 und trage die Nummer in die Figur ein.

Fragen korrekt stellen

1. Erfrage diese Produkte nach dem gegebenen Muster.

1. Ein Mittel gegen Kopfschmerzen → *Ein Mittel wogegen?*
2. Ein Schuh für lange Klettertouren → ______
3. Ein Material zur Information → ______
4. Ein Magazin mit Werbung → ______
5. Ein Buch über Meeresfische → ______
6. Ein Schaumbad gegen Erkältung → ______

2. Lies folgenden Text und frage nach den markierten Satzgliedern, z. B.:

1. Wodurch sollte jeder gesund und glücklich werden?

Ursula Wölfel: Die Geschichte vom Schaumbad

Ein Mann sah jeden Abend das Werbefernsehen, und dann kaufte er alles, wofür da Reklame gemacht wurde. Einmal zeigte ein wunderschönes Mädchen einen neuen Badeschaum, (1) durch den sollte jeder gesund und glücklich werden. Sofort kaufte der Mann drei große Packungen (2) von diesem Schaumbad.

Er wollte auf einen Schlag gesund und glücklich werden, darum schüttete er sich gleich eine ganze Packung in die Badewanne. Er plätscherte ein bisschen, und schon gab es schönen weißen Schaum. Er plätscherte weiter, und der Schaum stieg immer höher. Plötzlich saß der Mann bis zur Nase wie in steifem Eierschnee. Er schnappte (3) nach Luft und schlug um sich.

Dicke Schaumflocken stoben hoch, und dann ging es erst richtig los: Der Schaum plusterte sich auf und schwoll dem Mann über den Kopf und schäumte (4) bis zur Zimmerdecke. Der Mann fühlte sich kein bisschen gesund und glücklich. Er sah nur noch Weißes, er hatte die Nase und die Ohren voll Schaum, er strampelte und boxte und schrie: „Aufhören, aufhören!" Und (5) dabei verschluckte er sich auch noch (6) an dem Zeug. Seine Frau und die Kinder rissen erschrocken die Tür auf. Eine dicke weiße Schaumwolke quoll (7) aus dem Badezimmer, und oben (8) in der Wolke hing der Mann. Er ruderte mit Armen und Beinen und japste und hustete und spuckte! […]

Werbesprache untersuchen – Sprichwörter erkennen

1. Für diese Werbeslogans wurden bekannte Sprichwörter gewählt und verändert. Überlege, wofür hier geworben werden könnte. Wie lauten diese Sprichwörter richtig?

1. Was Hänschen leicht lernt, lernt Hans nur schwer.

→ *Schon Kindern soll ein Computer gekauft werden.*

Sprichwort: *Was Hänschen nicht lernt, lernt Hans nimmermehr.*

2. Wo viel Licht ist, ist auch viel Kraft.

→ ______

Sprichwort: ______

3. Der Appetit kommt beim Trainieren!

→ ______

Sprichwort: ______

4. Kleider machen Bräute.

→ ______

Sprichwort: ______

5. Wer nicht hören kann, muss kaufen.

→ ______

Sprichwort: ______

2. Und welches Sprichwort ist hier versteckt?

Die Peripherie der Kartoffel ist umgekehrt proportional zur Intelligenz des Produzenten.

Sprichwort: ______

Ein Interview erschließen und zusammenfassen

1. Lies das Zeitungsinterview und gib es kurz mit eigenen Worten schriftlich wieder.

In der Wirtschaft wird geschwindelt

Karen Heumann ist die mächtigste Frau in der Werbebranche. Mit Nelya, 13, und Cyrius, 14, von Dein SPIEGEL sprach die Mitinhaberin der Agentur thjnk.

Dein SPIEGEL: Wie funktioniert gute Werbung?
Weil wir im Alltag ständig mit Werbebotschaften bombardiert werden, muss gute Werbung herausstechen. Sie muss ein gutes Gefühl hinterlassen und eine Geschichte erzählen, die glaubwürdig ist. Wenn man hinterher noch über die Werbung nachdenkt, hat die Marke schon fast gewonnen. […]

Kinder haben nicht viel Geld, trotzdem richtet sich Werbung oft an uns. Lohnt sich das?
Ihr habt im Jahr zusammen 1,9 Milliarden Euro Taschengeld zum Ausgeben. Aber noch viel wichtiger: Ihr seid die Käufer der Zukunft. Firmen glauben, dass sie steuern können, was ihr später mögt. Ich weiß aus eigener Erfahrung, dass einem als Erwachsenem das schmeckt, was man als Kind schon lecker fand. Deswegen wollen sie euren Geschmack beeinflussen.

In der Werbung sehen Produkte viel besser aus als in echt. […] Das ist doch Mogelei.
Stimmt, in der Werbung wird schon geschwindelt: Models werden schöner geschminkt, als sie sind, und Essen wird künstlich aufgehübscht.

Also darf Werbung lügen?
Nein, richtig lügen darf sie nicht. Kunden haben ein gutes Gefühl dafür, ob sie veralbert werden. Wenn das passiert, schadet es der Marke, und die Kunden kaufen nichts mehr. […]

Mussten Sie schon einmal Werbung für etwas machen, das Sie richtig doof fanden?
Wir sind früher mal gefragt worden, ob wir einen Prospekt für eine Waffenfirma machen würden. Wir haben abgelehnt. Für Waffen will ich nicht werben. […]

Wie kommt man auf Ideen für Werbesprüche?
Das ist harte Arbeit für die Kreativen – so heißen die Leute, die sich die Sprüche ausdenken. Für gute Ideen braucht man Zeit. Aber oft muss vieles rasend schnell gehen. Wenn eine Firma einen Werbeauftrag vergibt, treten die Agenturen gegeneinander an und präsentieren ihre Ideen. Davor wird oft bis in die Nacht gearbeitet.

2. Wie muss Werbung aussehen, die dich anspricht? Sammle Beispiele.

11 Aufgetischt

Wörter mit *z/tz* und *k/ck* richtig schreiben

1. Lies und ergänze in den blauen Markierungen *z* oder *tz* und in den gelben Markierungen *k* oder *ck*.

Essen und Trin___en im Mittelalter – wir___lich le___er?

Im Mittelalter gab es bereits zahllose Bücher über Sitten an der gede___ten Tafel: So durften die Ellbogen nicht auf den Tisch aufgestü___t werden und es war unhöfisch, ins Tischtuch zu schneu___en oder über den Tisch zu spu___en! Man sollte den abgekauten Knochen auch nicht auf die Platte zurü___legen, sondern unter den Tisch (aber ohne jemanden dabei zu verle___en …). Selbstverständlich richteten sich solche Anweisungen nur an den Adel. Die Gebräuche des Vol___s waren „von einfacherer Art“. Auch die Ernährung unterschied sich sehr zwischen den Ständen. Eine Art di___er Getreidebrei war für viele einfache Leute fast die ein___ige Speise, die sie kannten. Der Adel dagegen ließ kostbare Gewür___e einführen. Für unseren heutigen Geschma___ waren die Speisen zu star___ gewür___t. Das hatte verschiedene Gründe: Einerseits ging durch wenig schonende Garung der Eigengeschma___ des Fleisches verloren, zweitens war manches Stü___ Fleisch schon leicht verdorben, was übertüncht werden musste. Drittens schme___ten die Lebensmittel aus Konservierungsgründen meist sal___ig, und Gewür___e bewir___ten ein Übertönen. Besonders beliebt war ein her___hafter Eintopf. Selbst in vornehmen Häusern gab es meist nur eine Feuerstelle, über der der Kessel hing. Meist aßen dann alle aus demselben Topf. Als Unterlage diente flaches Brot, da viel verkle___ert wurde. Ein Messer hatte jeder am Gürtel (auch Frauen), dagegen gab es oft nur einen ein___igen Löffel, der die Runde machte. Die Gabel war lange Zeit verpönt, da sie als das Wer___zeug des Satans galt. Viele Speisen wurden tiefschwar___ gefärbt, z.B. mittels zerriebenen Schwar___brots. Alles war sehr fett, überall triefte Schweineschmal___. Gan___ wichtig waren für den Adel „Schaugerichte“: Eine eingelegte Bärenta___e machte schon etwas her, ebenso mit Blattgold überzogenes Ba___wer___ oder turmhohe Zu___erbä___ereien, die innen mit Hol___ gestü___t waren.

Brauchst du Hilfe? Suche den entsprechenden Merksatz auf Seite 60 – 63 und trage die Nummer in die Figur ein.

Bedeutungen umschreiben, Begriffe definieren

1. Ordne Bilder und Begriffe einander zu.

1. Berliner

2. Wiener

3. Hamburger

4. Amerikaner

5. Edamer

a) ____________

b) ____________

c) ____________

d) ____________

e) ____________

2. Welche Oberbegriffe und welche unterscheidenden Merkmale passen zu den zu definierenden Wörtern.

Käse **Gebäckstück** **Fertiggericht** **Brühwürstchen**

- *als Triebmittel wird Ammonium-hydrogencarbonat verwendet*
- *auf der Unterseite ist eine Zucker-glasur aufgetragen*

- *besteht aus süßem Hefeteig*
- *ist etwa faustgroß,*
- *wird in schwimmendem Fett ausgebacken*

- *ist benannt nach der Herkunftsort*
- *reift sechs bis acht Wochen*
- *ist schnittfest*
- *meist in eine rote Hülle eingepackt*

- *besteht aus Softbrötchen (Bun)*
- *hat unterschiedlichen Belag*
- *wird warm angeboten*

- *besteht sowohl aus Schweine- als auch aus Rindfleisch*

3. Formuliere nun Definitionen wie im Muster.

1. *Ein **Berliner** ist ein **Gebäckstück**, das aus süßem Hefeteig besteht, das etwa faustgroß ist, in schwimmendem Fett ausgebacken wird und oft eine Füllung aus Konfitüre enthält.*

Unterschiede formulieren, Texte stilistisch überarbeiten

1. Wiener oder Frankfurter Würstchen – hast du dir schon einmal überlegt, was der Unterschied ist? Im folgenden Text wird erklärt, wodurch sich die beiden Arten unterscheiden. Lies den Text.

Wiener Würstchen oder Frankfurter Würstchen?

Wiener Würstchen bestehen aus Schweine- und Rindfleisch. Frankfurter Würstchen bestehen aus Schweinefleisch. Das Rezept der Frankfurter Würstchen ist älter als das Rezept der Wiener Würstchen; ab dem 13. Jahrhundert ist es bekannt. Die Wiener Würstchen wurden von einem Frankfurter Metzger erfunden. Die Frankfurter Würstchen kamen also früher als die Wiener Würstchen auf dem Markt. Doch wie kam es dazu? Johann Georg Lahner hatte seine Ausbildung zum Metzger im Frankfurter „Worschtviertel" absolviert, war danach nach Wien ausgewandert und hatte dort eine Metzgerei eröffnet. Der experimentierfreudige Metzger fügte dem traditionellen Frankfurter Würstchen noch genauso viel Rindfleisch hinzu. In Wien war das damals erlaubt, in Deutschland war das damals nicht erlaubt (hier gab es eine strenge Trennung zwischen Schweine- und Rindermetzgern). Sein (Wiener)Würstchen verkaufte er ab 1805 in seiner neuen Wiener Metzgerei als Frankfurter Würstchen.

Das Frankfurter Würstchen ist also nicht viel was anderes als das Wiener Würstchen. In Deutschland wird das Wiener Würstchen (weil der Name des Frankfurter Würstchens herkunftsgeschützt ist) nicht als Frankfurter Würstchen verkauft; in Deutschland wird das Wiener Würstchen als Wiener Würstchen verkauft.

In Österreich solltest du aber – willst du ein Wiener Würstchen haben – ein Frankfurter Würstchen bestellen. Würdest du in Österreich „Wiener" bestellen, würdest du nicht Wiener Würstchen erhalten. Du würdest als Wiener Wurst eine Art Aufschnitt-Wurst erhalten, die nur schwer in den dazugehörigen Senf getaucht werden kann.

2. Der Text ist an manchen Stellen nicht gut formuliert. Überarbeite ihn. Arbeite dabei in den gelb markierten Sätzen die Unterschiede deutlicher heraus und benutze für den „Würstchenbegriff" auch Umschreibungen. Folgende Redemittel helfen dir, Unterschiede zu formulieren.

im Gegensatz zu | **im Unterschied zu** | **anders als** | **nicht ..., sondern** | **hingegen** | **nicht so wie** | **unterscheiden sich in** | **ist ähnlich dem**

„Würstchen"-Umschreibungen:
Wiener W. als **Variante** des Frankfurter W. – Frankfurter W. als **Vorgänger** des Wiener W. – Wiener W. als **Erfindung** des Metzgers ...

Mittelalterliche Redewendungen erklären

1. Lies die Erklärungen zur Herkunft der mittelalterlichen Redewendungen.

Bei einem mittelalterlichen Bankett gab es nur Löffel für die Suppe, ansonsten wurde mit den Fingern gegessen. Um diese vor und nach der Mahlzeit zu reinigen, konnten sich die Gäste Wasser über die Hände gießen lassen. Das Wasser wurde den adligen Festteilnehmern von einem Edelknaben offeriert, der am Hofe des Gastgebers diente. Ein niederer Angestellter, etwa gar ein Knecht, hätte den hochgestellten Gästen nicht das Wasser reichen können, er hätte ja im (sozialen) Niveau weit unter ihnen gestanden.

1. das Wasser nicht reichen können

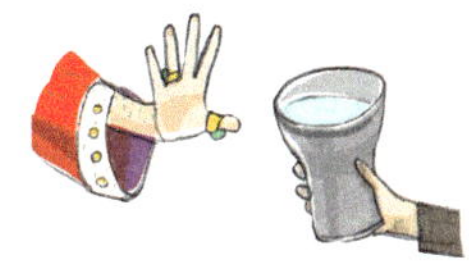

Haltbare Nahrungsmittel wurden in Körben in der Küche an der Decke aufgehängt, um sie vor Ratten und Mäusen zu schützen. In Hungerperioden musste man den Brotkorb höher hängen, der normalerweise handlich in Griffhöhe angebracht war, um den Zugriff außerhalb der Essenszeiten zu unterbinden.

2. den Brotkorb höher hängen

In der mittelalterlichen Küche wurden auch Tiere zubereitet, die heute ungenießbar erscheinen, zum Beispiel Schwäne, Pfauen, Kraniche und Singvögel. Aber es gab auch Tiere, deren Genuss untersagt war; so durfte der Storch nicht gegessen werden. Einen Storch zu braten, das hätte Entrüstung, mindestens aber größtes Erstaunen hervorgerufen.

3. Da brat mir einer einen Storch!

In der mittelalterlichen Hausgemeinschaft erhielt jedes Haushaltsmitglied einen eigenen Holzlöffel. Den Löffel behielt man meist bis zum Lebensende. Wer den Löffel abgegeben hatte, war gestorben. Löffel von gestorbenen Familienmitgliedern wurden weitergegeben.

4. den Löffel abgeben

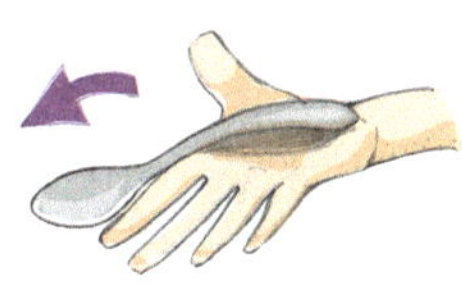

2. Was bedeutet die Redewendung? Ordne zu.

knapper halten, strenger sein ☐	nicht ebenbürtig sein ☐	sterben ☐	Da bin ich aber sehr erstaunt! ☐

12 Wasserwelten

Konjunktivformen erkennen und richtig schreiben

1. Markiere in den Sprechblasen alle Konjunktivformen. Übernimm die Tabelle und trage die markierten Formen ein.

Im Jahre 1866 erregte ein seltsames Ereignis, eine unerklärliche Naturerscheinung, erhebliches Aufsehen. Seeleute und die Bevölkerung der Hafenstädte wurden in Aufregung versetzt. Verschiedene Schiffe waren auf hoher See einem enormen Körper begegnet, einem riesigen, länglichen, spindelförmigen, mitunter phosphoreszierenden Objekt.

1. Nehmen wir an, es würde sich um ein Wesen handeln, das im Meer lebt. Dann müsste es ein Wal sein. Es würde mich nicht wundern, wenn es ein Narwal wäre.

2. Wir dürften es mit einer schwimmenden Insel zu tun haben.

3. Es könnte ein unterseeisches buntes Fahrzeug sein. Wir hätten es dann mit einem Schiff zu tun, das unter Wasser ginge und manchmal an der Oberfläche erschiene.

4. In Frage käme auch ein enormes Schiffswrack.

5. Ich wüsste gerne, wie es genau aussieht. Es sollte mich nicht wundern, wenn es ein monströses Seeungeheuer aus der Urzeit ist. Ein wahres Wunder!

Konjunktivform	Infinitiv	Präteritumsform Indikativ
würde	werden	wurde
...	...	...

2. Indikativ (I) oder Konjunktiv (K)? Kennzeichne alle Wortformen und ergänze deine Tabelle in Aufgabe 1.

1. er äße (K) – er isst (I)
2. sie weiß (__) – sie wüsste (__)
3. wir tränken (__) – wir trinken (__)
4. sie sängen (__) – sie singen (__)
5. ihr ständet (__) – ihr steht (__)
6. wir sehen (__) – wir sähen (__)
7. sie brächte (__) – sie bringt (__)
8. ich lasse (__) – ich ließe (__)
9. es geschieht (__) – es geschähe (__)
10. wir sprächen (__) – wir sprechen (__)

Konjunktivformen richtig bilden und verwenden

1. Unterstreiche die Konjunktivformen und markiere die Indikativformen.

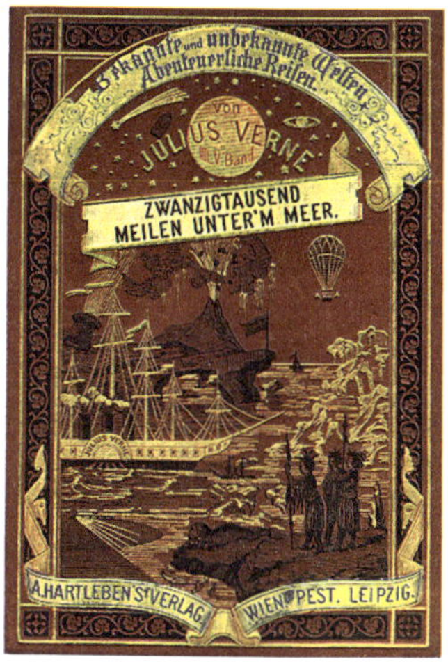

Was wäre, wenn ein Mensch ein Fahrzeug entwickeln würde, mit dem man bis auf den Grund des Meeres tauchen könnte? Was fände er in der Tiefe des Meeres vor? Welche Gefahren würden in der Tiefe lauern? Diesen Fragen geht Jules Verne in seinem Roman „Zwanzigtausend Meilen unter dem Meer“ (1870) nach, in dem er seinen Protagonisten Professor Aronnax auf eine fantastische Reise im Unterseeboot des Aussteigers und Menschenhassers Nemo schickt.

2. Vergleiche die direkte Rede mit der indirekten Rede. Notiere, was sich in der indirekten Rede verändert hat.

Der russische Dichter Leo Tolstoi (1828–1910) schrieb:
„Die Romane von Jules Verne sind in der Tat hervorragend! Ich habe sie als Erwachsener gelesen. Ich erinnere mich, dass sie mich begeistert haben.“

Der russische Dichter Leo Tolstoi (1828–1910) schrieb,
die Romane von Jules Verne seien in der Tat hervorragend. Er habe sie als Erwachsener gelesen. Er erinnere sich, dass sie ihn begeistert hätten.

3. Gib die beiden Äußerungen in indirekter Rede wieder. Beginne dabei jeweils mit einem Einleitungssatz, in dem der Urheber der Äußerungen benannt wird.

„Ich habe lediglich eine Fiktion aus dem entwickelt, was in der Folge zur Tatsache werden sollte. So ist meine Absicht mit diesem Verfahren auch nicht das Prophetisieren gewesen; ich habe geografisches Wissen unter der Jugend verbreiten wollen.“

Jules Verne (1828–1905)

„Jules Verne bringt die Wissenschaft auf die Bühne. Das Genre will ich nicht diskutieren. Es scheint mir alles Wissen der Kinder zu verderben. Allein bin ich gezwungen, den Erfolg zur Kenntnis zu nehmen.“

Emile Zola (1840–1902)

Brauchst du Hilfe? Suche die entsprechenden Merksätze auf Seite 60–63 und trage die Nummern in die Figuren ein.

Wörtliche Rede als indirekte Rede wiedergeben

1. In den folgenden Schülertext haben sich einige Fehler eingeschlichen. In drei Sätzen wurde die indirekte Rede nicht richtig wiedergegeben. Markiere diese Sätze.

... An dem Schriftsteller Jules Verne, der den Science-Fiction-Roman „Zwanzigtausend Meilen unter dem Meer" schrieb, scheiden sich die Geister. Einige Zeitgenossen warfen ihm vor, dass er lediglich Abenteuerromane für Jugendliche schreibt und es ihm nur um den Erfolg beim Publikum geht.

Diesen Erfolg hatte er allerdings. Verne wurde und wird weltweit begeistert gelesen.

In Biografien über Jules Verne kann man oft lesen, dass er der Vater der Science-Fiction ist. Was bedeutet das?

In Science-Fiction-Literatur geht es um ferne, fremde Welten, in die die Helden der Geschichte dank einer fiktiven Erfindung gelangen können. Das Interesse der Science-Fiction-Literatur gilt dabei nicht nur den Abenteuern, sondern richtet sich auch auf ihre naturwissenschaftlich-technische Realisierbarkeit.

Literaturwissenschaftler meinen, dass Jules Verne der erste Autor gewesen ist, der Romane dieser Art verfasst hat, weswegen er auch immer einen festen Platz in der Weltliteratur einnehmen wird.

2. Korrigiere die markierten Sätze.

Einen Klappentext verfassen

1. Lies die Zusammenfassung des Romans „Zwanzigtausend Meilen unter dem Meer“.

Der Roman ist vorgeblich ein Erlebnisbericht des französischen Professors Pierre Aronnax, Autor eines Werkes über „Die Geheimnisse der Meerestiefen“. In den Jahren 1866 und 1867 häufen sich auf allen Weltmeeren rätselhafte Schiffsunglücke. Die Presse spekuliert, ein bislang unbekanntes Seeungeheuer [...] habe die Schiffe zum Kentern gebracht, Aronnax vermutet einen gigantischen Narwal als Ursache. Wegen seines Fachwissens als Meereskundler wird er 1867 von der amerikanischen Regierung gebeten, sich einer Expedition zur Klärung der Vorgänge anzuschließen, und so sticht Aronnax in Begleitung seines Dieners Conseil und des kanadischen Walfängers Land an Bord der US-Fregatte *Abraham Lincoln* in See.

Nach wochenlanger Suche im Nordpazifik wird das fragliche Objekt gesichtet. Im Verlauf der anschließenden Verfolgungsjagd werden Aronnax, Conseil und [...] Land ins offene Meer gespült, finden aber letztlich auf der Oberfläche des vermeintlichen Seeungeheuers festen Boden unter den Füßen. Es stellt sich heraus, dass es sich tatsächlich um [...] ein Unterseeboot handelt. Nach einiger Zeit öffnet sich eine Luke und die drei Männer werden von Mannschaftsangehörigen des Fahrzeugs in eine Zelle geführt und später dem Kapitän vorgeführt, der sich dann als „Nemo“ vorstellt.

Mit der Zeit erfährt Aronnax in Gesprächen mit dem mysteriösen Nemo Details über die technischen Fähigkeiten des Unterseeboots, der *Nautilus*, jedoch kaum etwas über seinen Kapitän und seine Mannschaft. Nemo hat nicht nur mit der Menschheit, sondern auch mit dem Erdboden gebrochen und versorgt sich und seine Mannschaft ausschließlich aus den Schätzen des Meeres [...]; im zweiten Band des Romans deutet er sein tragisches Schicksal an: Vaterland, Frau und Kinder seien ihm von irdischen Mächten genommen worden, und so habe er der Welt den Rücken gekehrt, um als Rächer der Entrechteten die Weltmeere zu befahren. Da niemand sein Geheimnis erfahren darf, [...] sind die drei Schiffbrüchigen gezwungen, an Bord der *Nautilus* eine Weltreise unter Wasser mitzumachen.

Dabei erleben sie allerlei Abenteuer. [...] Jules Verne beschreibt den Sieg der Technik über die Natur – die Technik macht alles möglich. Allerdings weist er [...] immer wieder implizit auch auf die Gefahr hin, die Technik ohne Verantwortung birgt. Professor Aronnax gerät auf der Reise in einen inneren Konflikt. Zum einen möchte er als Wissenschaftler möglichst lange an Bord der *Nautilus* bleiben und gemeinsam mit Kapitän Nemo das Leben im Meer erforschen, zum anderen wird an ihn von Ned Land der Wunsch herangetragen, von Bord zu fliehen. [...] Dieser Konflikt wird erst gelöst, als der Professor und seine Gefährten miterleben, wie Kapitän Nemo kaltblütig ein Schiff versenkt.

Nach diesem Vorfall [...] gelingt den drei Gefangenen eine waghalsige Flucht zur rettenden Küste Norwegens. [...]

2. Du hast in diesem Kapitel bereits einige Informationen über den Roman „Zwanzigtausend Meilen unter dem Meer“ erhalten. Verfasse einen Klappentext für ein entsprechendes Buchcover.
(Als Klappentext wird ein auf den Einschlagklappen des Schutzumschlags eines Buches stehender Text bezeichnet. Üblich ist eine kurze, werbende Zusammenfassung des Buchinhalts.)

13 Dem Täter auf der Spur

Wörter mit unhörbarem *h* richtig schreiben

1. Lies und rate.

Kein Alibi?

Roderich Stüber öffnete Kommissar Hansen. „Ja?“ Er stülpte sich ein Carla-Carol-Basecap über seine leuchtend roten Locken und musterte Kommissar Hansens Dienstausweis. „Polizei? […] Kommen Sie herein!“

Drinnen schwand das Gefühl von einem angenehmen Sommertag. Im Regieraum ragten nur noch Anschlusskabel aus den Tischen. Schränke waren zerwühlt, Stühle umgekippt. „Alles gestohlen! Da war nichts mehr zu machen“, sagte Stüber, „die Computer aus dem Mischpult für fast 250000 Euro waren hier aufbewahrt. Die andere Hälfte der Video-Ausstattung hatte ich bei mir“, erzählte Stüber ausführlich. „Alles geschah, während ich heute Morgen mit Carla Carol im alten Stahlwerk hinter dem Bahnhof Aufnahmen für den Videoclip zu ihrer neuen CD gedreht habe […].“ Er seufzte. „Zum Glück bin ich gut gegen Einbruch versichert. Carla ist auf dem Weg zur Berühmtheit, mit ihrem Song LOVE LETTER […] ist sie in den Charts ganz vorne.“

Kommissar Hansen nickte. Sein Blick blieb am Fenster hängen. In der Scheibe war in Höhe des Griffs ein Loch ins Glas geschnitten. Außen lehnte noch eine Leiter an der Hauswand. „Sind Sie ohne Alarmanlage?“, fragte er. „Nein“, meinte der Musikproduzent, „aber die hat der Einbrecher ausgeschaltet. Kommen Sie, ich zeige Ihnen wie!“ Er wollte den Kommissar gerade nach draußen führen, da kam Carla Carol ins Studio. Die sehr schlanke Sängerin sah […] vornehm aus, […]. Sie strahlte Kommissar Hansen an. „Sie untersuchen wahrscheinlich den Einbruch, oder?“, fragte sie […]. „Wir sind heute Morgen gegen zehn Uhr zum alten Stahlwerk hinausgefahren. Als wir dann gegen zwölf zurückkehrten, sah Roderich das alles hier.“

Stüber kramte aus seinen Videokoffern eine Kamera heraus. „Hier ist das Video, das wir draußen gedreht haben“, sagte er und schloss die Kamera an den großen Fernseher in der Ecke an. Auf dem Bildschirm erschien die Halle des alten Stahlwerks. Carla Carol posierte zwischen aufgetürmten Metallteilen, auf anderen Bildern tanzte sie vor dem stillgelegten Hochofen. […]

„Die Musik wird dann später dazugemischt“, erklärte Stüber. Auf den weiteren Aufnahmen wackelte die Kamera und Stüber tauchte kurz im Bild auf. Seine zentimeterkurzen Haare schimmerten im gleichen Rot wie die Rostblumen auf den Stahlträgern.

Kommissar Hansen tippte etwas in sein Handy. Er wusste, dass Stübers Alibi für die Zeit des Einbruchs nicht wahr war. Woher wusste er das wohl?

2. Übernimm die Tabelle und trage alle Wörter mit unhörbarem *h* in die entsprechenden Spalten ein. Ergänze in der rechten Spalte alle Wörter, bei denen du das *h* durch Ableiten hörbar machen kannst.

h* vor *l	***h* vor *m***	***h* vor *n***	***h* vor *r***	***h* kann durch Ableiten hörbar gemacht werden**
Gefühl	*angenehm*	*Bahnhof*	*mehr*	*geschah → geschehen*

Brauchst du Hilfe? Suche den entsprechenden Merksatz auf Seite 60–63 und trage die Nummer in die Figur ein.

Adverbialsätze erkennen und Kommas richtig setzen

1. Lies und rate.

Herrliches Afrika!

Stefan, der gerade das Abitur hinter sich hatte, […] sortierte alle Schulsachen aus weil diese nun nicht mehr gebraucht werden. Das einzige, was Stefan an diesem Nachmittag störte, war der braun gebrannte Schönling, der mit seiner jüngeren Schwester Betty im Gartenhaus plauderte. Den hatten Bettys Eltern auch noch zum Essen eingeladen nachdem Betty so von ihm geschwärmt hatte. Betty hatte Marc vor ein paar Tagen kennengelernt als sie Chatpartner im Internet gesucht hatte.

Der braun gebrannte Marc lehnte im Gartenstuhl und ließ sich von Betty anhimmeln.

„Marc ist auf der Durchreise; er kommt aus Afrika“, sagte Betty zu Stefan „wo er mit seinen Eltern für eine Tierschutzorganisation arbeitet. Er fliegt morgen wieder nach Nairobi.“

Marc lächelte Betty an. „Im Moment sind wir für ein paar Tage in Deutschland weil mein Vater hier mit verschiedenen Geldgebern sprechen muss. Und da fand ich es ganz toll, dass Betty und ihre Eltern mich eingeladen haben. Obwohl es grandios in Deutschland ist kann ich es kaum erwarten, wieder nach Afrika zu kommen“, sagte er. Und zu Betty: „Du musst mich unbedingt einmal dort besuchen.“

Er schien es gar nicht mitzubekommen, wie ätzend Stefan ihn fand. „Afrika, Nairobi, Kilimandscharo“, sagte er […] indem er sich zurücklehnte und gelassen in die Sonne schaute.

„Dann habt ihr eure Tierschutzstation in Tansania?“, warf Stefan ein.

„Nairobi liegt in Kenia“, belehrte Marc ihn von oben herab. Betty kicherte.

„Aber der Kilimandscharo ist in Tansania“, Stefan erinnerte sich an das Buch über Wilderer in Kenia, „wenn du was mit Tierschutz zu tun hast dann kennst du doch bestimmt auch den Nairobi-Nationalpark südlich der Stadt.“

„Aber sicher“, schwärmte Marc, „den musst du […] mal besuchen“, wandte er sich an Betty.

„Ja, gerne, dann will ich möglichst viele Tiere sehen“, sagte sie „Zebras, Gnus, Giraffen …“

„Alles, was du willst“, fiel Marc ihr ins Wort, „Elefanten, Tiger, Nashörner – im Nairobi-Nationalpark kommst du […] auf deine Kosten.“

„Na toll!“, Stefan stand auf. Er ging grimmig aus dem Gartenhäuschen. Es dauerte eine Weile bis Betty hinter ihm herkam. […] „Was hast du denn bloß? […] Man könnte ja fast denken, dass du Marc nicht ausstehen kannst.“

„Kann ich auch nicht!“, sagte Stefan. „Er ist …“

„… so süüüß!“, schwärmte Betty. „Das habe ich schon gemerkt als ich ihn im Chat getroffen habe.“ Sie lief wieder in die Gartenlaube. Als Stefan seine Mutter auf der Terrasse sitzen sah hatte sich deren Gesicht verfinstert. „Nun, das ist jetzt wirklich etwas peinlich“, sagte sie, „Marc hat uns gebeten, ihm aus einer finanziellen Klemme zu helfen. Angeblich hat er nicht genug Geld mitgenommen als er mit dem Zug herkam. Jetzt bittet er uns, ihm 100 Euro für die Rückfahrt zu leihen! Er verspricht, dass sein Vater uns das Geld sofort überweist wenn er wieder daheim ist. Aber ich traue ihm nicht.“

„Vollkommen richtig“, Stefan lächelte bitter. „Dieser Marc ist ein Lügner. […] Er arbeitet nie im Leben in Afrika.“

Woher weiß Stefan das?

2. Markiere im Text alle Adverbialsätze und setze in diesen Sätzen die fehlenden Kommas.

Fremdwörter richtig verwenden

1. Die unterstrichenen Fremdwörter wurden im Text fehlerhaft gebraucht. Versuche, ihn trotzdem zu verstehen, und den Fall aufzuklären.

Das Klassentreffen

Deutschlehrer Weber fragte Steffi: „Ich habe gehört, dass dein Vater Zauberkünstler ist. Kann man ihn auch (1) arrangieren?" Er erklärte: „ Ich (2) inszeniere ein Klassentreffen mit allen ehemaligen Schülern meines Jahrganges. Ich bin nämlich früher selbst hier aufs Gymnasium gegangen. Die Feier findet am nächsten Samstag statt. Zwischen den Reden möchte ich die Gäste gern ein wenig von einem Zauberkünstler (3) präsentieren lassen."

Und so versammelten sich am Samstag in der Waldgaststätte die ehemaligen Schüler aus Herrn Webers Jahrgangsstufe und (4) applaudierten über die Zaubertricks, die Steffis Vater (5) organisierte. Der hatte Steffi einfach als „seine Assistentin" vorgestellt. Im Augenblick zog er dem verblüfften Herrn Weber gerade eine Euro-Münze nach der anderen aus der Nase.

Inzwischen hatte der Künstler seine Vorführung beendet und verbeugte sich zum Applaus der etwa 50 Gäste. „Ein Foto!", rief der Reporter von der Zeitung. Sofort drängten sich alle zusammen auf die Bühne. Der Fotograf (6) engagierte die ehemaligen Schüler: „Der Herr mit der Glatze und dem roten Hemd – bitte neben den langen Lulatsch in der braunen Jacke." Mit dem langen Lulatsch meinte er Weber. Der Deutschlehrer war fast zwei Meter groß, und der Mann mit der Glatze war mehr als einen Kopf kleiner als Weber. Das Blitzlicht flammte auf und die ehemaligen Schüler liefen zum kalten Büfett.

An den Wänden des Festsaales hatte Herr Weber alte Fotos seines Jahrgangs aufgehängt. „Die sehen als Schüler fast genauso aus wie wir", stellte Steffi fest. „Nur haben sie noch alle ihre Haare", grinste ihr Vater und tippte auf ein Bild, das zwei junge Männer an einer Hochsprunggrube zeigte. „Hier, das ist Weber." „Stimmt", meinte auf einmal Herr Weber neben ihnen, „ich war damals in der Hochsprung-AG." Er (7) interpretierte die Namen unter dem Bild. „Tom Schuessler", murmelte er dann. Eine steile Falte erschien auf seiner Stirn. „Du hast doch eben den Glatzkopf gesehen, den der Fotograf neben mich gestellt hat", meinte er zu Steffi. „Der hat sich vorhin am Eingang an mir vorbeigedrängelt. Kurz darauf habe ich gehört, wie er sich in einem Gespräch als Tom Schuessler vorgestellt hat." Herr Weber holte seine Lesebrille heraus und betrachtete das alte Bild an der Hochsprunggrube noch einmal genau. Das Bild zeigte den jungen Weber und seinen Mitschüler. Sie standen zwischen den beiden Pfosten, auf denen die Hochsprunglatte bei 1.75 m aufgelegt war, und schauten beide grinsend über die Latte. Der Junge neben Weber hatte dichtes blondes Haar. Herr Weber sah jetzt zu dem Mann mit der Glatze hinüber, der sich am Büfett seinen Teller volllud. […]

„Komisch", meinte Steffi, „ich befürchte, Herr Weber, dass der Mann mit der Glatze gar nicht der Tom Schuessler von Ihrem alten Foto ist. Der Glatzkopf hat sich wahrscheinlich hier eingeschlichen …"

Herr Weber sah sie verblüfft an: „Hast du denn einen Beweis für deine Behauptung?"

2. Korrigiere die Fremdwörter. Folgende Begriffe helfen dir: *sich amüsieren, arrangieren, engagieren, faszinieren, organisieren, präsentieren, studieren.*

Eine Inhaltsangabe schreiben

1. Lies und rate.

Der Kassenzetteltrick

Frau Müller, Ende fünfzig, brauchte tatsächlich einen guten Detektiv, denn sie hatte ein Problem. „Ich glaube, dass mich einer meiner Kunden bestiehlt“, erzählte sie Detektiv Kröber.

„Der Mann heißt Tenner. Er kauft regelmäßig bei mir ein, und dabei ist mir aufgefallen, dass er an manchen Tagen zweimal kommt – einmal morgens und einmal gegen Mittag. Mittags hat er seine Tasche dabei, in die er am Morgen seine Einkäufe verpackt hat. Mittags kauft er immer nur eine Kleinigkeit.“

„Höchst mysteriös“, bemerkte Kröber.

Die Filialleiterin nickte. „Als mir Herrn Tenners Verhalten komisch vorkam, habe ich ihn gebeten, einmal einen Blick in seine Einkaufstasche werfen zu dürfen. Da waren die Waren drin – die er bei seinem ersten Einkauf gekauft hatte. Und er hatte natürlich auch seinen Kassenzettel vom ersten Einkauf dabei – als Beweis dafür, dass er mit bezahlter Ware den Laden betreten hat.“

„Ich verstehe“, sagte der Detektiv, „Sie glauben, Herr Tenner deponiert seine Einkäufe vom Morgen irgendwo und betritt den Laden beim zweiten Mal mit einer leeren Tasche. Dann sucht er noch einmal alle Artikel zusammen, die er am Morgen gekauft hat und verstaut sie in seiner Tasche. Anschließend kauft er eine Kleinigkeit als Erklärung, warum er noch einmal gekommen ist. Bei einer Taschenkontrolle zeigt er seinen Kassenzettel vom Morgen vor. Damit kann er den Vorwurf widerlegen, er habe den jetzigen Inhalt seiner Tasche gestohlen.“

Frau Müller nickte: „Ja, genau.“

„Da kommt Herr Tenner übrigens gerade wieder“, die Filialleiterin deutete auf einen älteren Herrn der gerade auf die Kasse zuging. „Er war heute Morgen schon einmal hier.“

„Gehen wir mal zu ihm!“, sagte Frau Müller. Tenner bezahlte gerade ein Päckchen Kaugummi.

In diesem Moment trat Frau Müller zu ihm. „Entschuldigen Sie, aber würden Sie bitte einmal auspacken, was Sie in Ihrer Tasche haben?“

Ein überlegenes Lächeln flog über Tenners Gesicht. „Aber bitte!“ Er packte aus seiner Tasche alles aufs Kassenband: eine Flasche Whisky, ein Tiefkühlhähnchen, eine Flasche Öl, eine Dose Linseneintopf, eine Flasche Milch und eine Tafel Schokolade. „Und hier“, sagte Tenner, „habe ich auch den Kassenzettel dafür. Ich war vor fünf Stunden hier und habe all diese Sachen gekauft und bezahlt. Ich kam jetzt nur wieder, weil ich den Kaugummi vergessen hatte.“

Detektiv Kröber sah Frau Müller über die Schulter und verglich die Produktbezeichnungen auf dem Kassenzettel mit den Waren. Die Preisschilder waren allesamt aus dem Supermarkt. Das Tiefkühlhähnchen war mit einer dünnen Eisschicht bedeckt. Die Tafel Schokolade war aufgerissen, ein Stück war abgebrochen.

„Damit wäre die Sache ja wohl erledigt“, sagte Tenner zufrieden und wollte alles wieder einpacken.

„Natürlich ist die Sache damit erledigt“, meinte der Detektiv. „Hier ist nämlich der Beweis dafür, dass Sie eben gestohlen haben.“

Was war ihm aufgefallen?

2. Fasse den Inhalt dieses Ratekrimis kurz zusammen.

14 Rekordverdächtig!

Regeln der Getrennt- und Zusammenschreibung bei Verben beachten

1. Lies den Text über die Weitspringerin Helga. Entscheide, ob die markierten Wörter getrennt (g) oder zusammengeschrieben (z) werden.

Spring endlich!

Leo und Helga beim Training

Jetzt spring endlich! Motivation ist im Sport alles. Man muss nicht nur (1. springen/können __g__), sondern auch (2. springen/wollen ____). Leo Grekow weiß das alles. Er ist Cheftrainer. Seine Mannschaft, nun ja, es ist so: Leo trainiert Helga; Helga kann schon sehr (3. weit/springen ____). Helga ist ein Frosch und zumindest dem Namen nach weiblich. Wir konnten das Geschlecht leider nicht (4. über/prüfen ____). Leo und Helga leben in Lokve, einer Gemeinde in Kroatien, wo seit Jahrzehnten ein Froschweitsprungwettbewerb (5. statt/findet ____). An der 38. Froschnacht wollen 37 Wettbewerber (6. teil/nehmen ____) – ganz schön stressig. Auch Helga muss mit dem Stress (7. fertig/werden ____). Sie darf nicht die (8. Nerven/verlieren ____) und am Start (9. sitzen/bleiben ____).

2. Lies den Text über eine berühmte Katze. Unterstreiche die fünf fälschlicherweise getrennt geschriebenen Verbformen.

Die reichste Mieze der Welt

Die Mundwinkel grimmig herunter gezogen, missmutiger Blick: Dass man mit so einem Schlechte-Laune-Gesicht weltberühmt werden kann, hat „Grumpy Cat" im zurück liegenden Jahr bewiesen. Ein Video der „Griesgram-Katze" war wochenlang im Internet herum gegeistert – schnell waren Millionen Grumpy-Cat-Fans auf Facebook und Twitter zusammen gekommen. In Wahrheit hat Grumpy Cat natürlich nicht immer schlechte Laune – sie sieht ganz einfach nur so aus. Katzenbesitzerin Tabatha Bundesen hat bisher mit Grumpy-Cat-Produkten rund gerechnet 76 Millionen Euro eingenommen.

Brauchst du Hilfe? Suche den entsprechenden Merksatz auf Seite 60 – 63 und trage die Nummer in die Figur ein.

Adverbialsätze erfragen und nach der Funktion unterscheiden

1. Wie fragst du nach Adverbialsätzen? Ordne zu.

1. Wann? Wie lange? Seit wann? Bis wann?

2. Mit welcher Folge?

3. Wo? Wohin? Woher?

4. Wie? Auf welche Art und Weise?

5. Unter welcher Voraussetzung, Bedingung?

6. Trotz welcher Umstände?

7. Warum? Weshalb? Weswegen? Wieso?

8. Wozu? Zu welchem Zweck?

______ a) Temporalsatz	______ d) Kausalsatz	
______ b) Lokalsatz	______ e) Finalsatz	______ g) Konsekutivsatz
______ c) Modalsatz	______ f) Konditionalsatz	______ h) Konzessivsatz

2. Lies und erfrage die unterstrichenen Adverbialsätze. Bestimme so deren Funktion.

1. Mit welcher Folge ...? → Konsekutivsatz

Kühe pupsen, bis es brennt

Eine Kuhherde in einem Stall in Hessen hat so viel gerülpst und gepupst, (1) <u>dass sie beinahe ihren Stall in Brand gesetzt hätte</u>. Und das kam so: Die 90 Milchkühe standen dicht an dicht in ihrem Stall und rülpsten und pupsten viel. Das ist bei Kühen normal, sie tun das im Schnitt alle 40 Sekunden. (2) <u>Schon wenn die Kühe einmal rülpsen oder pupsen</u>, stoßen sie Methangas aus. Dieses Gas kann leicht brennen. (3) <u>Weil man den Stall der Milchkühe schlecht gelüftet hatte</u>, war schnell mehr Gas als frische Luft im Raum. Dann genügte schon ein Funke, (4) <u>damit sich das Gas entzündete</u>. (5) <u>Dadurch, dass nun wahrscheinlich eine Maschine einen Funken im Stall abgegeben hatte</u>, kam es zu einer Stichflamme. Diese war aber Gott sei Dank nicht sehr groß, (6) <u>sodass sich nur eine Kuh leicht verletzte</u>. (7) <u>Obwohl die Flamme nur klein war</u>, ging ein Teil des Dachs kaputt. (8) <u>Nachdem der Bauer die Feuerwehr gerufen hatte</u>, konnten die Flammen schnell gelöscht werden.

Das Methangas kann übrigens nicht nur für die Tiere selbst gefährlich werden. (9) <u>Egal, wo sich die Tiere aufhalten</u>, das Pups- und Rülps-Gas der Kühe ist auch schlecht fürs Klima. (10) <u>Gelangt zu viel Methan in die Luft</u>, legt es sich wie eine Glasglocke über die Erde, (11) <u>wodurch die Tiere ganz erheblich zur Erderwärmung beitragen</u>.

Ausdrucksfehler vermeiden, fehlerhafte Wortformen korrigieren

1. Die markierten Superlativformen sind fehlerhafte Bildungen. Schreibe in den Antworten die richtigen Formen auf.

Rekorde – Rekorde – Rekorde!

1. Wie heißt die kürzestlebigste Insektenart der Welt?
   Die ______________________ Insektenart der Welt ist die Eintagsfliege. Sie lebt meist nur einige Stunden.
2. Wie heißt die einzigste Spinnenart, die im Wasser lebt?
   Die ______________________ Spinnenart, die im Wasser lebt, ist die Wasserspinne oder auch Silberspinne. Sie streckt ihren Hinterleib und die Hinterbeine aus dem Wasser, um Sauerstoff zu tanken. Sie bildet dann eine große Luftglocke, mit der sie sich einige Zeit im Wasser aufhalten kann.
3. Wie lang ist die weitestbekannteste Flugstrecke eines Zugvogels?
   Die ______________________ Flugstrecke eines Zugvogels beträgt 40 000 Kilometer. Die Küstenseeschwalbe überwintert jedes Jahr in der Antarktis.
4. Wie lang sind die längstgemessensten Giftzähne einer Schlange?
   Die ______________________ Giftzähne einer Gabunviper maßen fünf Zentimeter.
   Die Gabunviper zählt zu den giftigsten Schlangenarten, beißt aber nur, wenn sie angegriffen wird.
5. Welches ist das höchstgewachsenste Säugetier der Welt?
   Mit einer Größe von 5,50 Metern ist die Giraffe das ______________ Säugetier der Welt.

2. Was hältst du von folgenden Bildungen? Korrigiere.

1. die optimalste Variante
2. das meistgelesenste Tierbuch
3. die bestmöglichste Lösung
4. der nächstgelegenste Tierpark
5. das totalste Chaos
6. das größtmöglichste Gehege

Einem Text wesentliche Informationen entnehmen und den Inhalt wiedergeben

1. Lies und erschließe die Texte.

Der Hund hat meine Hausaufgaben verschluckt

Es klingt nach einer erbärmlichen Ausrede: Die 13-jährige Payton aus Colorado konnte ihre Hausaufgaben nicht abgeben, weil ihr Hund diese gefressen hatte. Für den Naturkunde-Unterricht sollte Payton ein Vulkan-Modell bauen. Dafür befestigte sie mehrere Lagen Süßigkeiten mit Stecknadeln auf einer Schaumstoff-Unterlage. Als sie morgens das Modell mit in die Schule nehmen wollte, lagen nur noch Fetzen unter dem Schreibtisch. Ihr Hund Reggie hatte das Modell aufgefressen – samt den 50 Stecknadeln. Payton und ihre Eltern brachten ihn zum Tierarzt, wo er geröntgt und operiert wurde. Mittlerweile geht es Reggie wieder gut …

Hunde vor dem Fernseher

In den USA gibt es jetzt einen Fernsehsender nur für Hunde. Er heißt DogTV, also Hundefernsehen, und sendet den ganzen Tag ein spezielles Programm für die Vierbeiner. So gibt es beispielsweise eine Sendung, die Hunde erziehen soll. Sie zeigt einen Hund, der brav bleibt, wenn der Briefträger klingelt. Von unten aus Hunde-Sicht gefilmt, wird er dafür von seinem Frauchen gelobt. […] Über das Fernsehen sollen die Tiere tadelloses Benehmen lernen. […] Ob das funktioniert, ist fraglich. […]

Kater Fluffig

Man ahnt sofort, warum dieser Kater seit Kurzem im „Guinness-Buch der Rekorde“ steht. Sein Name ist „Colonel Meow“, er hat das längste Katzenfell der Welt. Bis zu 23 Zentimeter lang sind die Haare des Himalaya-Perser-Mischlings. Für seine Besitzer aus Kalifornien bedeutet das viel Arbeit: Sie kämmen das Fellknäuel dreimal die Woche ausgiebig. Sie staubsaugen ständig. Und sie stellen fast täglich neue Fotos des Katers auf Facebook. Denn er hat dort ein eigenes Profil – und rund 200 000 Fans.

2. Erzähle anhand der Bilder, worüber berichtet wird.

Merksätze

1

das oder *dass*

Das Wort *dass* ist eine **Konjunktion** (ein Bindewort). Konjunktionen verbinden Teilsätze miteinander, z. B. *Ich denke, wir schaffen es.* → *Ich denke, dass wir es schaffen.* *dass*-Sätze sind Nebensätze. Sie sind vom Hauptsatz abhängig. Hauptsatz und Nebensatz bilden ein Satzgefüge: HS, NS. Das Wort *das* ist ein **Artikel** oder ein **Pronomen** und kann durch andere Wörter ersetzt werden, z.B. durch *dieses, jenes, welches.*
Die Konjunktion *dass* kann nicht durch ein anderes Wort ersetzt werden.

2

Ich-Botschaften-Schema

- So kann man die eigene **Meinung**/die eigenen **Gefühle** zum Ausdruck bringen: *Ich bin traurig/enttäuscht, …*
- So kann man den **Anlass** benennen: *Ich bin traurig, wenn du …*
- So kann man eine **Begründung** vorbringen: *Ich bin traurig, wenn du …, weil ich …*
- So kann man eigene Erwartungen/Wünsche/Ziele formulieren: *Ich wünsche mir/möchte, dass …* ?

3

Indirekte Rede

Die **indirekte Rede** ist eine Form der Redewiedergabe. Im Gegensatz zur direkten Rede stehen die Verben in der indirekten Rede oft im **Konjunktiv I**.
Der Konjunktiv I wird mit dem Wortstamm des Verbs und der Personalendung des Konjunktivs gebildet, z. B.: *denken* → *er denke, haben* → *sie habe, können* → *ich könne.*
Wenn die Form des Konjunktiv I mit der des Präsens Indikativ identisch ist, wird häufig als **Ersatzform der Konjunktivs II** benutzt, z. B.: *denken* → *sie denken* (Konjunktiv I) → *sie dächten* (Konjunktiv II).

4

Aktiv und Passiv

Ereignisse und Vorgänge können im **Aktiv** oder im **Passiv** beschrieben werden:

- Wenn man im Aktiv formuliert, stehen die ausführenden Personen oder Einrichtungen (z. B. Forschungsinstitute) im Vordergrund, z. B.: *Die Biologin untersuchte die Spinnen.*
- Wenn man im Passiv formuliert, stehen die Vorgänge oder die beschriebenen Dinge im Vordergrund, z. B.: *Die Spinnen wurden (von der Biologin) untersucht.*

Das Passiv wird gebildet aus der gebeugten Form von *werden* und dem Partizip Perfekt.

5

Relativsätze

Relativsätze werden durch Relativpronomen eingeleitet (*welche, welcher, welches, welchen, der, die, das, dem, den, …*). Vor dem Relativpronomen kann eine Präposition stehen *(von welchem …, mit dem …)*.

Relativsätze sind Nebensätze. Sie können nicht für sich allein stehen. Sie sind Teil eines Satzgliedes und bestimmen ein Substantiv/Nomen näher. Sie werden vom übergeordneten Satz durch Kommas getrennt.

6

Ableiten der Schreibweise

Wenn man nicht sicher ist, wie bestimmte Konsonanten innerhalb einer Verbform wiedergegeben werden, so bildet man den Infinitiv (die Grundform) und spricht in Silben, dann kann man meist die Laute besser hören (*spinnst → spin-nen, gemobbt → mob-ben, stehst → ste-hen, er kann → kön-nen*).

7

Getrennt- und Zusammenschreibung

In der Regel werden **Verbindungen mit Verben getrennt geschrieben**, z. B.: *spazieren gehen, dabei sein, Auto fahren, Rad fahren.*

Bei der Unterscheidung von getrennt und zusammengeschriebenen Wörtern gelten **zwei Grundregeln**:

1. Wenn die Bedeutung der Bestandteile verblasst ist und in Verbindung mit dem Verb eine neue Gesamtbedeutung entstanden ist, schreibt man zusammen, z. B.: *teilnehmen, fernsehen, festlegen.*
2. Zusammengesetzte Verben haben in der Regel nur einen Hauptakzent.

Bei den Wortgruppen sind beide Bestandteile betont, z. B.: *freisprechen* (von der Schuld), aber: *frei sprechen* (nicht ablesen).

Verwende in Zweifelsfällen ein Wörterbuch!

8

Substantivierung/Nominalisierung

Verben können als Substantive/Nomen verwendet werden. Sie werden dann großgeschrieben, z. B. *lernen → Das Lernen macht Spaß.*

9

Imperativformen

Präge dir folgende Imperativformen ein: *Gib! Hilf! Lies! Nimm! Sieh! Sprich! Unterbrich! Versprich! Wirb!*

10

Unhörbares *h*

Nach lang gesprochenem *a*, *e*, *i*, *o*, *u*, *ä*, *ö*, *ü* steht manchmal ein **unhörbares *h***. Dieses *h* kommt nur vor *l*, *m*, *n* und *r* vor. Es steht nie am Silbenanfang (wie z. B. bei *gehen*, *Ruhe*); man kann es deshalb auch nicht hörbar machen. In Wörtern wie *steht*, *zieht*, *Schuh* hingegen kann man das *h* durch Ableiten (z. B. Verlängern) hörbar machen, indem man das *h* an den Silbenanfang rückt: *steht* → *stehen*.

11

tz*, *z oder ***tzt***

Nach *l*, *m*, *n*, *r*, nach *au*/*äu*, *eu*, *ei* sowie nach lang gesprochenen Vokalen steht niemals *tz*, sondern immer nur *z* (*Pelz*, *Kranz*, *Arzt*, *Kauz*, *Kreuz*, *heizt*).

12

Zeitangaben richtig schreiben

- Viele Zeitangaben, z. B. Wochentage und Tageszeiten, sind **Substantive/Nomen**. Man erkennt sie an ihren **Begleitern** (*am Montag*, *der Morgen*, *der Dienstagnachmittag*).
- Zeitangaben, die durch **Adverbien** (*heute*, *gestern*, *morgen*, *dienstags*) ausgedrückt werden, schreibt man klein. Manchmal erkennt man sie am Suffix *-s* (*abends*, *mittwochs*, *morgens*).
- **Nach Adverbien** wie *heute*, *gestern*, *morgen* schreibt man Tageszeiten groß (*vorgestern Morgen*, *heute Abend*).

13

Konjunktiv

Mit dem **Konjunktiv II** lässt sich nichtreales Geschehen ausdrücken. Der Konjunktiv II wird also dann gebraucht, wenn über Mögliches und Unmögliches spekuliert wird und Vermutungen geäußert werden.

Der **Konjunktiv II** wird mit dem Wortstamm der Präteritumsform des Verbs und der Personalendung des Konjunktivs gebildet, z. B.: *denken* → *er dachte* → *er dächte*.

Häufig wird aber auch die **Ersatzform mit würde** benutzt, und zwar

- wenn der Konjunktiv II nicht (mehr) gebräuchlich ist oder
- wenn die Form des Konjunktiv II mit der des Präteritums identisch ist, z. B.: *tauchen* — *sie tauchte* → *sie würde tauchen*.

14

***End-/end-* oder *Ent-/ent-*, *Wieder-/wieder-* oder *Wider-/wider-*?**

- *End/end* oder *Ent/ent?* – Haben Wörter nichts mit *Ende* zu tun, dann schreibt man sie mit *t*.
- *Wieder/wieder* oder *Wider/wider?* – Das Wort wird mit einfachem *i* geschrieben, wenn es im Sinne von *gegen* benutzt wird.

Text- und Bildquellen

Textquellen:
S. 4: nach: http://www.bionik-zentrum.de/default.asp?navA=newsdetail&main=news&newsid=146, 07.05.2014; **S. 5/7:** Aus: Ansbert Kneip: Die spinnen Nerven. In: Dein Spiegel, 2/14, S. 49 f.; **S. 11:** Aus: „Schau nicht weg!" Ausg. Juni 2006, S. 8. Hg. von Team Zivilcourage / Elternverein GRG3 des Landstraßer Gymnasiums, Wien. Unter http://www.fairnessaward.at/project?part=ProjectDocument&p=315&t=2&view=schaunichtwegmagazin06.pdf, 03.03.2010; **S. 13:** Aus: Dein Spiegel 2/2014, S. 73; **S. 15:** Aus: Anna Wilke: Dein Spiegel 06/2014, S.15, leicht gekürzt; **S. 20:** Aus: Neues vom Rumpelstilzchen und andere Märchen. Hrsg. H.-J. Gelberg. Weinheim, Basel, Beltz und Gelberg 1967; **S. 27:** Aus: Bernd Lingmann, Helga Schmiedel: Anekdoten, Episoden, Lebensweisheiten – von Naturwissenschaftlern und Technikern. Aulis Verlag Deubner & CoKG Köln 1987, S. 14, S. 127; **S. 31:** Aus: Almut Steinecke: Menschen. Dein Spiegel 10/2011, S. 28; **S. 35:** http://gedichte.xbib.de/G%F6rges,+Eleonore_gedicht_Der+Clown.htm, 15.10.2014; **S. 37:** Aus: Leo Tolstoi. Alle Volksmärchen. Lesebuch hrsg. Wilfried Bütow. Volk und Wissen Verlag GmbH. Berlin 1994, S. 43; **S. 38 ff.:** Aus Antje Dohrn: Lustige Sketche für Familienfeste. Weltbild. Copyright der Originalausgabe 2002 by Urania Verlag in der Verlag Kreuz GmbH, Stuttgart, S.84 f.; **S. 41:** Aus: U. Wölfel: Neunundzwanzig verrückte Geschichten. Stuttgart – Wien, Hoch 1974; **S. 43:** Aus: Dein Spiegel 12/2013, S. 28 f.; **S. 44:** Nach: http//www.menedemos.de/mittelalter.htm, 12.09.2014; **S. 46:** Nach: http://www.worldsoffood.de/specials/was-isst-deutschland/item/454-der-unterschied-zwischen-frankfurter-und-wiener-w%C3%BCrstchen.html, 14.09.2014; **S. 47:** Aus: Gerhard Wagner. Schwein gehabt! Redewendungen des Mittelalters. Euskirchen: Regionalia Verlag 2010, S. 114–117; **S. 51:** http://de.wikipedia.org/wiki/20.000_Meilen_unter_dem_Meer, 27.08.2014; **S. 52:** Aus: Hanns-Peter Karr: Ratekrimis für Jugendliche. 40 spannende Geschichten zum Raten. VPM Pabel-Moewig Verlag KG, Rastatt, 2002, S. 71 ff.; **S. 53:** Aus: Hanns-Peter Karr: Ratekrimis für Jugendliche. 40 spannende Geschichten zum Raten. VPM Pabel-Moewig Verlag KG, Rastatt, 2002, S. 57 ff.; **S. 54:** Aus: Hanns-Peter Karr: Ratekrimis für Jugendliche. 40 spannende Geschichten zum Raten. VPM Pabel-Moewig Verlag KG, Rastatt, 2002, S. 115 ff.; **S. 55:** Aus: Hanns-Peter Karr: Ratekrimis für Jugendliche. 40 spannende Geschichten zum Raten. VPM Pabel-Moewig Verlag KG, Rastatt, 2002, S. 161 ff.; **S. 56:** Aus: Dein Spiegel 10/2014, S. 6; **S. 57:** Aus: Dein Spiegel 3/2014, S. 39; **S. 58:** Aus: Was ist was? Erforsche deine Welt. Rekorde der Tierwelt Quiz. TESSLOFF, 07/2012; **S. 59:** Aus: Dein Spiegel 1/2014, S.32; Hunde vor dem Fernseher: Aus: Dein Spiegel 10/2013, S.7; Kater Fluffig: Aus: Dein Spiegel 10/2013, S.39; **Lösungsheft zu Kapitel 12:** Nach: http://www.buchhexe.com/buch/20000-meilen-unter-den-meeren, 29.08.2014

Bildquellen:
Cover.U1 rechts Klett-Archiv (Rainer Enkelmann, Filderstadt), Stuttgart; **Cover.U1.links** akg-images, Berlin; **Cover.U4 links** shutterstock.com (JonMilnes), New York, NY; **Cover.U4 rechts** Jason de Caires Taylor, http://www.underwatersculpture.com © VG Bild-Kunst, Bonn 2015 [Jason Taylor: Volkswagen beetle as a coral reef]; **5.oben** Christian Burkert; **5.Mitte/unten** laif (Christian Burkert), Köln; **7** Sarah Strauß/MHH; **19** Fotolia.com (Alexander), New York; **29** Warner Bros. Entertainment GmbH, Hamburg; **43** Picture-Alliance (dpa/Frank Pusch), Frankfurt; **45.a** shutterstock.com (Yevgen Romanenko), New York, NY; **45.b** shutterstock.com (Sergey Peterman), New York, NY; **45.c** StockFood GmbH (Koeb, Ulrike), München; **45.d** Fotolia.com (PhotoShop), New York; **45.e** Fotolia.com (Hetizia), New York; **49** gemeinfrei; **50** Ullstein Bild GmbH, Berlin; **56.oben** Getty Images (STR/AFP), München; **56.unten** Corbis (Janet Mayer/Splash News), Berlin; **59.Mitte** shutterstock.com (Javier Brosch), New York, NY; **59.unten** Getty Images (WireImage/Amanda Edwards), München

15

n-Deklination der Substantive/Nomen

Einige wenige männliche Substantive/Nomen folgen der *n*-Deklination, z. B. *Bär, Bote, Bauer, Erbe, Adressat, Athlet, Automat, Fürst, Graf, Hase, Held, Herr, Junge, Kunde, Mensch, Nachbar, Zeuge* sowie Fremdwörter wie *Favorit, Fotograf, Jurist, Konsonant, Planet, Polizist*. Sie enden in allen Kasus (Fällen), außer dem Nominativ Singular, auf *-n* oder *-en*. Achtung: *des Herzens, des Gedankens, des Buchstabens*.

16

Stimmhafte und stimmlose s-Laute

Am Wort- oder Silbenanfang wird das **s stimmhaft** gesprochen (*Sonne, Süden, tausend, Reise, rasen, Häuser, rosa, Insel*), am Wort- oder Silbenende wird das **s stimmlos** gesprochen (*das, was, Kreis, Glas, Beweis*).

- Nach einem **kurz** gesprochenen Vokal wird der **stimmlose** *s*-Laut als **ss** wiedergegeben (*Fluss, Schuss, wisst, lässt, muss*).
- Nach einem **lang** gesprochenen Vokal wird der **stimmlose** *s*-Laut als **ß** wiedergegeben (*Fuß, Gruß, fließen, grüßen, groß, fleißig*).
- Nach *au, äu, ei, ai* und *eu* schreibt man für einen **stimmlosen** *s*-Laut **ß** (*draußen, heißen, weiß*).

17

tz* und *ck

Nach *l, m, n, r* – das merke ja, steht nie *tz* und nie *ck*!

18

Tests zur Großschreibung

- Kann man das Wort mit einem Artikel (*der, die, das, ein, …*), *einem verdeckten Artikel* (*zum = zu dem*) oder einem Possessivpronomen (*mein, unser, …*) kombinieren?
- Endet das Wort auf *-ung, -heit, -keit, -nis, -schaft* oder *-tum*?
- Steht vor dem Wort eine Präposition (*auf Dauer*)?
- Lässt sich direkt vor das Wort ein Adjektiv setzen, welches sich dabei verändert (*deutliches Sprechen*)?
- Liegt eine Substantivierung (Gebrauch von Wörtern anderer Wortarten als Substantiv/Nomen) vor, (*beim Einprägen, das Ausdrucken*), was häufig auch durch Wörter wie *alles, etwas, nichts, viel, wenig* angezeigt wird (*alles Gute, wenig Neues*)?
- Merke dir folgende Wortgruppen: *im Folgenden, im Einzelnen, im Allgemeinen, auf/in Deutsch*.

19

Zeichensetzung in der direkten/wörtlichen Rede

„~~~~~~“, ______.
direkte Rede Begleitsatz

„~~~~~~?“, ______.
direkte Rede Begleitsatz

„~~~~~~!“, ______.
direkte Rede Begleitsatz

„~~~~~~“, ______, „~~~~~~.“
direkte Rede Begleitsatz direkte Rede

______: „~~~~~~.“
Begleitsatz direkte Rede

______: „~~~~~~?“
Begleitsatz direkte Rede

______: „~~~~~~!“
Begleitsatz direkte Rede